Rita Greine

Stress war gestern!

Rita Greine ist Erzieherin, Tanzpädagogin und Kunsttherapeutin. Sie leitete die Kindertagesstätte Ziegelgrund in Recklinghausen mit dem Schwerpunkt „Gesunde Bildung“. Heute hält sie Vorträge und gibt Fortbildungen in den Bereichen Gesundheitsförderung, Kreativitätsbildung, Tanz und Stressabbau im Berufsleben. Bei uns sind von ihr folgende zwei Werke erschienen: Erfindergarten, Wohlfühloasen.

Frühe Kindheit | Psychologie & Soziologie

Rita Greine

Stress war gestern!

Mehr Gelassenheit im Kita-Alltag

Cornelsen
SCRIPTOR

Ihre Wünsche, Kritiken und Fragen richten Sie bitte an:
Cornelsen Verlag Scriptor, Redaktion Frühe Kindheit,
Willy-Brandt-Platz 6, 68161 Mannheim oder

Marketing, 14328 Berlin, Cornelsen Service Center,
Servicetelefon 030 / 89 785 89 29

ISBN 978-3-589-24614-4

1. Auflage 2008

08 09 10 11 12 5 4 3 2 1

Redaktionsleiterin: Ulrike Bazlen, Mannheim
Lektorat: Renate Krapf, Mannheim
Herstellung: Erik Störmer, Mannheim
Layout: Claudia Adam Graphik-Design, Darmstadt
Satz: Markus Schmitz, Büro für typographische Dienstleistungen, Altenberge
Druck und Bindung: CPI – Ebner & Spiegel, Ulm
Umschlaggestaltung: Claudia Adam Graphik-Design, Darmstadt
Titelfotografie: Miryam Specht, Schwalbach
Abbildungen: Städt. Tageseinrichtung „Kinderplanet", Recklinghausen
Ev. Kindergarten „Kurpark", Unna

Printed in Germany

Weitere Informationen finden Sie im Internet unter
www.cornelsen.de

Inhalt

Vorwort

Fünfundzwanzig Jahre habe ich mit Kindern gearbeitet und währenddessen zwei Kindertagesstätten als Leiterin mit aufgebaut. Im Laufe meiner Berufsjahre hat sich die Kitalandschaft mehr und mehr verändert und dies in eine Richtung, die ich mit Skepsis beobachte.

Die Rolle der Erzieherin ist durch die Bildungsdiskussion mehr und mehr in den Mittelpunkt gerückt. Dies ist grundsätzlich zu befürworten. Doch viele Erzieherinnen schmunzeln oder aber sind verärgert über die Art und Weise, wie in der Politik und der Gesellschaft das Thema der frühkindlichen Bildung diskutiert wird. Schon lange werden Kinder in Kindertageseinrichtungen nicht nur betreut und erzogen, schon lange hat eine qualifizierte Elementarpädagogik ihren Platz.

Doch nun hat ein Bildungsspektakel Einzug gehalten: Bildungspläne, Bildungsdiskussionen, Qualitätsmanagement, Evaluation, Dokumentation, Sprachförderprogramme und vieles mehr. Viele Erzieherinnen fühlen sich unter Druck gesetzt und die Kindertageseinrichtungen werden als Ergebnis der politischen und gesellschaftlichen Diskussion mit Bildungsprojekten überhäuft. Ein neues und fragwürdiges Verständnis von Bildung hat alle, die mit Kindern zu tun haben, regelrecht aufgescheucht und überrannt.

Das Thema frühkindlicher Bildung geht mit einer Ernsthaftigkeit und Schwere einher, in der die ursprüngliche Lebens- und Seinsfreude eines Menschen wenig Beachtung findet. Zahlen und Buchstaben müssen so früh wie möglich her, physikalische und chemische Experimente halten Einzug, musikalische Früherziehung wird von Musikschullehrern angeboten und die Sprachtrainingsgruppe soll das Kind zu besserer Aussprache anleiten. Alles Themen, mit denen Kinder so früh wie möglich vertraut gemacht werden sollten, doch hier ist auch Vorsicht geboten – denn bei einer Überfrachtung von Angeboten werden Kinder nicht gebildet, sondern krank.

Bildung ist mehr als ein Rucksack voll mit Allgemeinwissen, Bildung bedeutet auch ganz besonders ein Wissen über sich selbst. Bildung darf die Entwicklung einer Seinsfreude, das Empfinden „ich freue mich, dass ich so bin wie ich bin; ich bin liebenswert so wie ich bin und ich freue mich, dass es mich auf dieser Erde gibt“ nicht verhindern. Doch der Glaube und das Vertrauen in ein eigens, sinnvolles Leben können nur wachsen, wenn wir auch der Spiritualität mehr Raum geben. Es darf nicht sein, dass Bildung zur Ware wird und wir diese Ware Kindern überstülpen.

Nicht nur Kinder sind oftmals überfordert, die Erzieherin selbst ist es, die heute mehr und mehr an die Grenzen ihrer Belastbarkeit gerät und sich ausgebrannt fühlt. Burn-out *(Ausgebrannt sein)* „ist eine Reaktion auf eine hohe emotionale Belastung im Zusammenhang mit langfristigem und intensivem Einsatz für andere Menschen. Diese Überbelastung ist mit häufig unspezifischen physiologischen und psychologischen Stressanzeichen verbunden. Typisch ist eine körperliche, [...] emotionale [...] und geistige [...] Erschöpfung. Bei helfenden Berufen führt Burn-out zur Ausbildung einer dehumanisierenden Einstellung gegenüber Klienten, die weniger als Menschen, sondern eher als Probleme angesehen werden.“ (Kunz 2007)

Fachkompetenz ist die Voraussetzung dafür, als Erzieherin heute einen Arbeitsplatz zu finden und es ist ebenso berechtigt, eine qualifiziertere Erzieherausbildung zu fordern. Eingangsvoraussetzungen müssen erhöht werden und es ist sinnvoll, im Vorfeld der Ausbildung auf die hohen Anforderungen im Berufsfeld der Erzieherinnen hinzuweisen. Doch dies allein reicht nicht aus. Die Erzieherin muss ebenso als Mensch in den Mittelpunkt gerückt werden. Als Mensch deshalb, weil sie mehr und mehr einer Maschine gleicht, die alles, was als Anforderung an sie herangetragen oder aufdiktiert wird, wie selbstverständlich in ihren Arbeitsalltag integriert. Da bleibt es nicht aus, dass so manche Erzieherin das Gefühl bekommt, nur noch zu funktionieren. Aus eigener Erfahrung behaupte ich, dass Erzieherinnen das, was von ihnen zurzeit erwartet und gefordert wird, definitiv nicht leisten können – mit einer Einschränkung. Die Erzieherin selbst lässt es zu, dass sie mehr und mehr zu einer „Bildungsmaschine“ wird, die vor lauter „funktionieren wollen“ vergisst, dass sie auch noch Mensch ist.

Ich stelle die Erzieherin in den Mittelpunkt meines Buches, weil sie selbst der Schlüssel ist für eine menschenwürdige Erziehung und Bildung, die Kinder zu eigenständigen Persönlichkeiten heranwachsen lässt. Das Buch soll als Hilfestellung dienen, so manches im Kita-Alltag zu verändern, nicht zuletzt mit dem Ziel, die jetzige Arbeitsbelastung zu „entmachten“.

Voraussetzung für weniger Stress im Berufsalltag der Erzieherin, für mehr Freude, Begeisterung und Leidenschaft ist die eigene Bereitschaft, der eigene Wille und Ehrgeiz, etwas zu verändern. Doch Verhaltensänderung ist kein Selbstläufer, die Arbeit an sich selbst gehört zum Schwierigsten, was es gibt. Und wer sich erfolgreich verändern möchte, der muss sich voll engagieren.

Dieses Buch resultiert aus eigenen Erfahrungen. All die aufgeführten Ideen sind gelebte Ideen und haben schon vielen Kolleginnen dabei geholfen, aus ihren alten Fahrwassern auszusteigen und neue persönliche und berufliche Wege zu beschreiten.

Die Übungen im Buch sind durch folgendes Symbol gekennzeichnet:

Für die Fotoaufnahmen in diesem Buch bedanke ich mich beim Team der städtischen Tageseinrichtung „Kinderplanet“ in Recklinghausen und beim Team des ev. Kindergartens „Kurpark“ in Unna. Für die kleinen „yogischen Inspirationen“ geht mein Dank an Jessica Hildebrand.

Das Buch widme ich meinem Ehemann Lebenspartner Horst, der mich mit seiner Gelassenheit beim Schreiben unterstützt hat.

Rita Greine im Januar 2008

1 Sich abstrampeln muss nicht sein

Seit Jahren konzentrieren sich Erzieherinnen darauf, Kinder bestmöglich auf das Leben vorzubereiten. Sie tun dies meist mit Begeisterung, Freude und Hingabe. Ihr Alltag ist voll routinemäßiger Arbeitsabläufe und ebenso gilt es, sich stets all den wechselnden spontanen und unvorhersehbaren Momenten zu stellen, die sich mehr oder weniger herausfordernd zeigen. Die Arbeitsbelastung von Erzieherinnen wächst schleichend durch neue Anforderungen und Erwartungen:

Erzieherinnen sind jeden Tag konfrontiert mit Kindern, die unter psychosomatischen Störungen leiden wie Nervosität, Konzentrationsschwäche, Nägelkauen oder Schlafproblemen. Sie begegnen immer mehr Kindern mit auffallenden Wahrnehmungsstörungen oder jenen, die von ADHS *(Aufmerksamkeitsdefizit-/Hyperaktivitätssyndrom)* betroffen sind. Sie haben mit Kindern zu tun, die sich vermehrt tätlich auseinandersetzen. Immer mehr Kinder haben Sprachprobleme, neigen zu Essstörungen oder zeigen Defizite in der motorischen Entwicklung. Die Liste ließe sich fortsetzen.

Muße und Entspannung finden auch im Kindergarten ihren Platz

Neben der Aufgabe, allen Kindern in pädagogisch einfühlsamer Weise gerecht zu werden, sind da auch noch die Eltern mit ihren Erwartungen, Ansprüchen und Wünschen. Viele Eltern fühlen sich mit der Erziehung ihrer Kinder überfordert; sie sind unsicher, gereizt, müssen Familie und Beruf unter einen Hut bringen und fühlen sich gestresst. Manche Eltern haben Angst vor Erziehung, sie laufen weg und verstecken sich hinter ihren Terminen.

Hinzu kommen die Ansprüche von Seiten der Politik und der Gesellschaft. Sie entwickeln seit einiger Zeit immer wieder neue Ideen, wie man Kinder noch schneller, noch besser, noch gezielter bilden kann. Dabei erwarten sie von den Erzieherinnen eine möglichst direkte und unkomplizierte Umsetzung dieser Vorschläge. Bürokratische Vorgaben ziehen das pädagogische Personal von den Kindern ab. Die notwendige Freude und Zufriedenheit von Erzieherinnen an der Arbeit mit Kindern aber gelangt mehr und mehr ins Abseits. Der allseits diskutierte Bildungsanspruch bringt einen deutlich wachsenden Stresspegel der Erzieherinnen mit sich.

Die Mehrzahl der praktizierenden Erzieherinnen fühlt sich ausgelaugt, überfordert und gereizt. Sie geben seit Jahren ihr Bestes und viele sind an der Grenze ihrer Belastbarkeit angelangt. Sie haben das gesunde Maß an Anstrengungsbereitschaft bereits überschritten.

Doch sich abstrampeln muss nicht sein. Das Gefühl, etwas geleistet zu haben, muss nicht unbedingt mit einem steten Sich-Abmühen und mit kontinuierlichen Anstrengungen einhergehen. Eine Leistung kann und soll auch mit Freude, mit Entspannung und mit Fantasie erbracht werden.

Gelassenheit, Muße, Unbeschwertheit, Bewusstheit, Geduld, Einfachheit, und Normalität brauchen wieder ihren Stellenwert. Es ist an der Zeit, inne zu halten und einmal genau nachzuspüren, welche Faktoren es sind, die Erzieherinnen immer mehr belasten. Es wird Zeit, der Erzieherin in ihrem Arbeitsfeld ein Mehr an Aufmerksamkeit zu schenken.

Stressfaktoren erkennen

Ein erster Schritt hin zu mehr Lust und Freude an der Arbeit kann die Beantwortung der Frage sein: Was trägt dazu bei, dass ich mich an meinem Arbeitsplatz nicht wohl fühle und/oder dass mir meine Arbeit keine Freude macht? Mit Hilfe dieser Frage lassen sich ganz gezielt die Stressfaktoren im Arbeitsleben von Erzieherinnen ermitteln. Die nachfolgende Liste ist eine Zusammenfassung aus mehreren Teamsitzungen unterschiedlicher Kindertagesstätten, in denen die Erzieherinnen diese Frage in den Mittelpunkt stellten:

- Unangemessene Räume, zu voll, zu eng
- Zu viel Lärm
- Überforderung durch zu viele Arbeitsaufgaben, Erwartungsdruck
- Zu hohe Verantwortung
- Zu hoher eigener Anspruch
- Keine klaren Absprachen, keine vereinbarten Regeln
- Nichteinhaltung von Absprachen im Team
- Monotonie, Langeweile
- Zu wenig Pausen
- Ungelöste Konflikte im Team
- Ärger mit dem Chef
- Gehäufte Konflikte mit Eltern
- Keine Zukunftsperspektive
- Zu wenig Anerkennung, Lob, Bestätigung
- Zu viele Kinder in der Gruppe
- Zu wenig Bewegung
- Falsche Ernährung
- Pessimismus
- Zu viel Ernsthaftigkeit

- Falsche Organisation
- Schlechte Laune, schlechte Stimmung
- Zu viele von oben auf diktierte Veränderungen.

Positiver und negativer Stress

Belastungssituationen können sich individuell sehr unterschiedlich auswirken: Während z.B. Frau Müller einem hohen Erwartungsdruck mir Bravour standhält, weil vielleicht aufgrund ihrer psychischen Konstitution besondere Erwartungen eher ihrem eigenen Ansporn gerecht werden, zeigt Frau Meier erste Erschöpfungszustände, die sich durch vermehrte Kopfschmerzen bemerkbar machen. Während im ersten Fall eine Leistung durch Stress gesteigert wird, also als positiver Stress *(Eustress)* erlebt wird, blockiert negativer Stress *(Distress)* die Leistung von Frau Meier mittels körperlicher Beschwerden.

Es entscheidet letztendlich jeder für sich, meist unbewusst, welche Reize für ihn angenehm, befriedigend und sogar nützlich, oder aber welche unangenehm, bedrohlich oder überfordernd sind. Wie so oft im Leben kommt es auf das rechte Maß an und in diesem Fall auf die richtige Stressdosis.

Der Mediziner und Stressforscher Hans Selye sagt dazu, „die höchste Pflicht des Menschen bestehe darin, das eigene Ich seinem inneren Vermögen entsprechend soweit wie möglich zum Ausdruck zu bringen und ein Gefühl selbstbewusster Sicherheit zu erlangen. Um dies zu erreichen, müssen wir zuallererst unser eigenes, optimales Stressniveau ermitteln." (in Vera F. Birkenbihl 1998)

Eine Über- oder Unterforderung, also eine negative Stressauswirkung zeigt sich in ganz bestimmten Kriterien (→ Tab. 1.1).

Wer sich in einem wohldosierten Stresslevel befindet, fühlt sich selbst und in seinem Umfeld wohl und lebt in einer freudigen Balance zwischen Arbeit und Freizeit. Bei einem ausgeglichenen Stresshaushalt ist man angespannt, erbringt gute Leistungen und das Maß an Stressreaktionen ist eher gering.

Negative Stressauswirkung	Anzeichen
Unterforderung	• Flüchtigkeitsfehler • Langeweile • Geringe Motivation • Häufiges Sich-Unwohlfühlen • Schlechte Leistung
Überforderung	• Gefühle wie „ich kann nicht mehr", „es wird mir zuviel" • Planlosigkeit • Resignation • Zunehmende Stressreaktionen wie Unzufriedenheit, Gereiztheit, Nervosität oder Gedächtnisstörungen

Tab. 1.1: Anzeichen von Über- oder Unterforderung sind Auswirkungen von negativem Stress

Bildungsanspruch als Stressfaktor

Jedes Kind hat Anspruch auf eine bestmögliche Bildung. Dies ist zunächst einmal einfach nur gut. Viele Menschen, die sich mit dem Thema auseinandersetzen, bemühen sich zurzeit, diesen Bildungsanspruch zu konkretisieren. In den Bildungsplänen der einzelnen Länder liegen die unterschiedlichen Erwartungen schriftlich vor. Allen Kindern in einer Kindertageseinrichtung in allen Bildungsbereichen im Sinne einer optimalen Bildung gerecht zu werden, ist jedoch ein Anspruch, den es zu hinterfragen gilt, schließlich stehen dem Anspruch immer auch angemessene oder weniger angemessene Umstände gegenüber.

Der Bildungsanspruch und seine Begleiterscheinungen sind in verschiedener Hinsicht mitverantwortlich für einen mehr oder weniger großen Bildungsstress, dem die Kinder und auch die Erzieherinnen ausgesetzt sind. So hat beispielsweise das Qualitätsmanagement Einzug gehalten in die Kindertageseinrichtungen. Beobachtungen und Dokumentationen schreiben, Statistiken erstellen, Listen führen – immer mehr muss schriftlich festgehalten werden. „Menschenstandards" sind aufgelistet und die Erzieherin hält durch Ankreuzen in ihren Beobachtungsbögen fest, ob ein Kind den Kriterien entspricht. Was noch fehlt wird in Förderstunden nachgeholt. Dass Pädagogen Entwicklungskriterien zur Orientierung benötigen, damit sie fördern und fordern können, ist unbestritten. Doch in solchen Standards schlägt sich auch die unausgesprochene Erwartungshaltung der Gesellschaft nieder, dass Bildung den „richtigen" Menschen hervorbringen soll. Doch ein perfektionistischer Anspruch an einen Menschen verhindert die Akzeptanz von Andersartigkeit und Einzigartigkeit. Verstärkt durch die Bildungsdiskussion gibt es eine Tendenz zur Normierung in unserem Bildungssystem und wer nicht der Norm entspricht, gerät schnell unter (Leistungs)Druck.

Bildungsstress für Erzieherinnen

Alle Kinder sollen bestmöglich gefördert werden. Dagegen ist nichts einzuwenden und auch dem Bemühen und dem Ehrgeiz der Erzieherinnen, diesem Anspruch gerecht zu werden, ist nichts entgegen zu setzen. Die Art und Weise jedoch, wie Bildung im Elementarbereich mancherorts von der Politik installiert wird, stimmt nachdenklich.

Ein Beispiel aus Nordrhein-Westfalen (NRW) macht dies deutlich: Frau Prof. Dr. Fried hat für die Landesregierung NRW die Sprachstandserhebung Delfin und Pfiffikus entwickelt. Für sie selbst ist das Verfahren in einer experimentellen Erprobung und sie distanzierte sich laut der Pressemitteilung 298/07 der Fraktion Bündnis 90/Die Grünen von der flächendeckenden Einführung des Verfahrens durch die Landesregierung. Doch der Test zur Sprachentwicklung wurde zwangsverordnet und 180.000 Kinder von Grundschullehrerinnen, die den Kindern nicht vertraut waren, getestet. Die Erzieherinnen übernahmen die Beobachterrolle. Alle Beteiligten mussten sich dieser Anordnung beugen. Kritische Äußerungen und Auswertungen bisheriger Erfahrungen dazu, die Erzieherinnen und Lehrerinnen gleichermaßen auch öffentlich äußerten, fanden keine Beachtung.

Sprachförderprogramme bzw. eine gezielte und vor allem individuelle Sprachförderung sind bereits Bestandteil der alltäglichen Praxis. Aufdiktierte Tests und die damit verbundenen Maßnahmen bedeuten jedoch für alle Beteiligten Stress und ihr tatsächlicher Beitrag zu einer besseren Bildungssituation ist fraglich.

Individuelle Sprachförderung findet täglich statt

Die Betroffenen verrichten eine Arbeit, mit der sie nicht konform gehen und die sie verständlicherweise zum größten Teil nur widerwillig ausführen. Dieser Form von Bildungsstress ist nicht so einfach zu begegnen, zumal sie eine Anordnung von oben ist und häufig eher politische Interessen dahinter stehen.

Dennoch wird Bildungsstress nicht nur durch das verursacht, was von außen an die Erzieherinnen herangetragen wird. Für Erzieherinnen heißt dies, sich nicht nur mit dem Bildungsanspruch auseinanderzusetzen, der mit politischen und gesellschaftlichen Erwartungen einhergeht, sondern auch ihre eigenen Ansprüche an Bildung zu hinterfragen und den Stress, den sie dadurch möglicherweise selbst verursachen, zu überdenken.

Den eigenen Anspruch überdenken

Die politischen und gesellschaftlichen Forderungen nach einem Mehr an besserer Bildung beeinflussen den eigenen Anspruch der Erzieherin an ihre Bildungsarbeit, nicht zuletzt auch, um dem erwarteten Anspruch zu entsprechen. Zu beobachten ist jedenfalls, dass Erzieherinnen ihren Arbeitseinsatz und ihr Engagement auf verschiedensten Ebenen verstärkt haben und viele geben nicht nur ihr Bestes, sie geben ihr Letztes.

Im Kindergartenjahr findet zusätzlich zu den täglich anfallenden Arbeitsaufgaben eine Vielfalt an Aktionen statt. Da gibt es das jährliche Sommerfest, das Lichterfest, die Schulkinderentlassungsfeier, das Laternenbasteln, die Eltern-Kind-Nachmittage, diverse Projekte, die Übernachtung der Schulkinder mit anschließendem gemeinsamem Elternfrühstück und seit einigen Jahren in manchen Einrichtungen noch das Halloweenfest. Vieles ist mit einem hohen Arbeitsaufwand verbunden und es bleibt nicht aus, dass es regelmäßig zu Phasen der Erschöpfung von Teammitgliedern kommt.

Die inhaltliche Planung der Arbeit resultiert aus dem bisherigen Erfahrungsschatz der Erzieherinnen, aus den stetig wachsenden Bildungsansprüchen der Gesellschaft und aus dem Konkurrenzgedanken der Kindertageseinrichtungen untereinander, schließlich gehen die Kinderzahlen zurück und die Eltern wollen ihr Kind in der Einrichtung mit dem „besten" Programm anmelden. Die Anforderungen gehen hier jedoch nicht nur von den Leiterinnen aus, es sind meist die Erzieherinnen selbst, die den Traditionen der Einrichtung und den Erwartungen der Eltern gerecht werden wollen.

Erzieherinnen arbeiten jedoch unabhängig von den selbst auferlegten Aktionen an ihrem Limit. Das Beispiel „Brot backen" macht deutlich, wie Stress erst gar nicht aufkommen kann.

Brot backen
Erzieherin X hat für heute geplant, mit den Kindern ein Brot zu backen. Ihre Kollegin ruft morgens an, um sich krank zu melden. Das ist schade, hat sie doch den Kindern fest versprochen, mit ihnen zu backen. Auch aus den anderen Gruppen kann keine Kollegin aushelfen; die dort geplanten Vorbereitungen für den Elternnachmittag machen den Einsatz mehrerer Kolleginnen erforderlich. Erziehern X entschließt sich, die Aktion zu verschieben. Den Kindern erklärt die Erzieherin. „Das Brot backen wir, wenn XY wieder da ist. Ich hoffe, dass sie bald wieder gesund ist." Die Kinder lassen sich schnell auf eine andere Spielsituation ein, die ihnen die Erzieherin anbietet. In der Mittagssituation fragen einige Eltern nach, ob das Brot gut gelungen sei. Die Erzieherin entgegnet den Eltern, dass das Brot erst gebacken werden kann, wenn die Kollegin wieder gesund ist.

In einer personell stark eingeschränkten Situation kann die Erzieherin ihr Vorhaben überdenken und auf einen Zeitpunkt verlegen, der ein entspanntes und pädagogisch sinnvolles Brotbacken möglich macht. Allein eine Gruppe von 25 Kindern zu betreuen, das ist auch heute noch bei personellen Engpässen gang und gäbe. Hier ist die Erzieherin in hohem

Maße allein mit der Aufsichtspflicht ausgelastet. Dann heißt es, nur das initiieren und den Kindern zum Spiel anbieten, was mit wenig Aufwand verbunden ist, und so Stress minimieren. Damit begegnet die Erzieherin nicht nur einer eventuellen Überforderung, auch die Kinder lernen, dass dies ein Tag ist, an dem sie sehr viel mehr auf sich selbst angewiesen sind, an dem sie sehr viel mehr Eigeninitiative entwickeln müssen, als es sonst der Fall ist. Ein Brot zu backen, ganz in Ruhe, mit allem drum und dran, das ist sinnvoll, wenn die äußeren Umstände dies zulassen. Die so genannten Notfalltage sind und bleiben jene Tage im Arbeitsleben einer Erzieherin, die es immer mal wieder geben wird – gefragt ist der souveräne, gelassene Umgang damit, frei von den Qualitätsansprüchen, die sonst den Alltag prägen.

▶ **TIPP** Der Einsatz von Kita-Assistentinnen ist eine gute Möglichkeit, Erzieherinnen zu entlasten, schließlich gibt es auch in anderen Berufszweigen Assistentinnen. Es gibt eine nicht zu unterschätzende Anzahl an erziehungstalentierten Erwachsenen, die nach einer Unterweisung in die Arbeit einer Kindertageseinrichtung, in der Lage sind auszuhelfen und einzuspringen, wenn absehbar ist, dass für längere Zeit Personal fehlt. Dies widerspricht nicht dem Anspruch nach mehr qualifiziertem Personal. Vielmehr können Kita-Assistentinnen Erzieherinnen in den Arbeitsbereichen entlasten, die nicht unbedingt einen anspruchsvollen, pädagogischen Einsatz erfordern. In immer mehr Häusern für Ehrenamtliches Bürgerengagement melden sich Interessierte, meist Menschen, die ihrem Leben wieder einen Sinn geben möchten. Für viele von ihnen kann dies die Arbeit mit Kindern sein.

Wenn Erzieherinnen spüren, dass ihre Arbeit unter den gegebenen Umständen so für sie nicht mehr leistbar ist, wenn sie das Gefühl haben, den eigentlichen pädagogischen Anspruch einer liebevollen, sensiblen und einfühlsamen Betreuung, Erziehung und Bildung nicht mehr umsetzen zu können, dann ist es höchste Zeit für eine Bilanz. Und wenn sie zu dem

Ergebnis kommen, dass sie den Grundbedürfnissen der Kinder immer weniger gerecht werden, um dem Anspruch nach immer mehr Bildung zu entsprechen, dann ist es sinnvoll, sich zu überlegen, wo Veränderungen ansetzen können. So lässt es sich verhindern, dass aus dem Gefühl, gegen die inneren Überzeugungen zu handeln, eine allumfassende Arbeitsunzufriedenheit erwächst.

Erzieherinnen haben eine Führungsrolle inne und da ist nicht zuletzt auch der Umgang mit Stress ein wichtiges Kapitel, wenn es um ihre Vorbildfunktion geht. Das, was sie an Werten vermitteln, an Vorstellungen, Einstellungen und Meinungen Kindern gegenüber transparent machen, prägt sie selbst und festigt sie in ihrem Selbstbild.

Es gilt ein Bewusstsein für das eigene Selbstbild zu entwickeln, um ein Gefühl für die eigene pädagogische Selbstwirksamkeit zu bekommen. Die Professionalität der Erzieherin macht sich nicht allein an ihrem Engagement für ein reichhaltiges Bildungsangebot für Kinder fest, sie misst sich auch an einer angemessenen Beachtung und Aufmerksamkeit für sich selbst.

Bildungsstress für Kinder

Der Bildungsstress der Erzieherinnen wird zum Bildungsstress für die Kinder. Stressempfindungen stehen nicht isoliert und so versteht es sich von selbst, dass Eltern und Erzieherinnen ihre eigene gestresste Stimmungslage auf die Kinder übertragen. Eltern, deren Berufsleben mit einem hohen Maß an Anstrengung und übermäßiger Belastung verbunden ist, übertragen diese Erfahrung meist unbewusst auf ihre Kinder. Sie entwickeln häufig (zu) hohe Erwartungen und Ansprüche an ihre Kinder, um den Grundstein dafür zu legen, dass diese mit dem optimalen Rüstzeug in die Arbeitswelt gehen. Und dies hat oftmals wiederum völlig überhöhte Erwartungen der Eltern an die pädagogische Arbeit in Kindertageseinrichtungen zur Folge.

Erzieherinnen geben ihren Bildungsstress ebenfalls unbewusst weiter. Ihr reichhaltiges Angebot soll die Kinder in all den vorgeschriebenen Bereichen bilden, was sicherlich auch zum Teil passiert – und doch gibt es viele Kinder, die mit dem „Supermarkt der Angebote“ überfordert sind, weil ihre Befindlichkeiten, Stimmungen und Gefühle, ihre Bedürfnisse nach Zuwendung und Wertschätzung, nach Präsenz und Einfühlung mehr und mehr ins Abseits geraten.

Die Bedürfnisse der Kinder wahrnehmen

Bildung umfasst die lebenslangen und selbsttätigen Prozesse zur Weltanschauung von Geburt an. Bildung ist ein Geschehen sozialer Interaktionen. Neben allen Bildungschancen für Kinder, die jede Aufmerksamkeit verdient haben, ist die verlässliche Beziehung und Bindung – zu Eltern wie Erzieherinnen gleichermaßen – der Schlüssel für eine Persönlichkeitsentwicklung, die mit Selbstsicherheit und Selbstbewusstsein einhergeht.

Erzieherinnen gehen in ihrem grundsätzlichen pädagogischen Verhalten konform mit den Aussagen der modernen Hirnforschung. Diese sieht das menschliche Gehirn in erster Linie durch zwischenmenschliche Erfahrungen geformt. Es ist keine Datenbank für die Speicherung und Abfrage von Wissen. Für die Motivation braucht das Gehirn die Leistungsdroge Dopamin, die Wohlfühldrogen der körpereigenen Opioide und das Freundschaftshormon Oxytocin. Diese Stoffe werden nur produziert, wenn der Mensch von anderen Anerkennung, Interesse und Wertschätzung erfährt.

Bildungsprozesse finden im selbstverständlichen, liebevollen Miteinander statt

Bildungsprozesse finden im selbstverständlichen und natürlichen, vor allem im liebevollen und respektvollen Miteinander statt, dann, wenn Erzieherinnen und Kinder gemeinsam erforschen, wer sie und wie sie sind, wenn sie entdecken was sie können, welche Kräfte, Talente und Fähigkeiten in ihnen schlummern.

Die Konsequenzen, die aus dem Pisaschock von Seiten der Politiker gezogen wurden, stehen diesem Wissen in vielen Fällen gegenüber. Und die Angst davor, dass Kinder später zu schlecht qualifiziert sind, um im globalen Wettbewerb zu bestehen, macht Eltern und Erzieherinnen zu nervösen und überforderten Mitspielern des politischen Anspruches. Sie wollen berechtigterweise das Beste für ihr Kind. Aber was ist das Beste? Auch in einer technisch hoch gerüsteten Gesellschaft bleiben die Bedürfnisse von Kindern die gleichen. Kinder brauchen:

- Zuwendung, Aufmerksamkeit und Anerkennung
- Bestätigung, Lob und Fürsorge
- Körperkontakt und liebevollen sprachlichen Umgang
- Grenzen und Rituale, Orientierung und Halt
- Nachahmenswerte Vorbilder
- Anregungen und Impulse
- Herausforderungen
- Anregendes Spielmaterial und geeignete Spielräume.

Es sind gerade die Erzieherinnen, die um diese Bedürfnisse wissen und die darum bemüht sind, diesen kindlichen Bedürfnissen zu entsprechen. Doch gerade im gegenwärtigen stressbeladenen Alltag gelingt dies häufig nicht mehr. Dem selbstbestimmten Stress auf die Spur zu kommen, ist ein wesentlicher Ansatzpunkt zur Veränderung, um dem ursprünglichen Arbeitsauftrag der Erzieherin wieder näher zu kommen, nämlich Kindern in allen erdenklichen Lebenssituationen ein gutes Vorbild zu sein.

Selbstgemachter Stress

Für den Kindertherapeuten Wolfgang Bergmann sind Kinder mit ADHS-Symptomen ein Spiegelbild unserer heutigen Zeit. Und wenn man diesen Spiegel den heutigen Erwachsenen vorhält, so lässt sich beobachten, dass auch sie im alltäglichen Leben strampeln und zappeln wie die hyperaktiven Kinder: Sie schauen fern, während sie zu Abend essen; sie telefonieren, während sie bügeln oder am Herd stehen und die Spiegeleier wenden; sie unterhalten sich mit Freunden im Lokal und verschicken währenddessen eine SMS oder auch zwei; sie sitzen am Frühstückstisch, lesen die Zeitung und reden mit ihrem Gegenüber.

Bewusstes Innehalten und kleine Auszeiten reduzieren selbstgemachten Stress

Gerade von Erzieherinnen wird dieses so genannte Multi-Tasking, das gleichzeitige Abhandeln von verschiedenen Aktivitäten, geradezu erwartet und gefordert. Der meist schlechte Personalschlüssel trägt ein Übriges dazu bei, dass sie oftmals mehreren Situationen und Reaktionen gleichzeitig entsprechen.

Die Erzieherinnen sind darum bemüht, den Wünschen und Bedürfnissen einer Gruppe von Kindern gerecht zu werden, sie zu fordern und zu fördern und damit ihren Arbeitsauftrag zu erfüllen: Während sie vorlesen, beobachten sie nebenbei die streitende Untergruppe und geben kurz Hilfestellung beim Lösen des Konfliktes, um dann bis zum nächsten Zwischenstopp mit dem Vorlesen fortzufahren. Während sie sich mit einem Kind unterhalten, geben sie nebenbei kurze Anweisungen am Basteltisch, wo einige Kinder mit dem Klebstoff verschwenderisch umgehen. Während sie eine Mutter auf den anstehenden Elternabend aufmerksam machen, schnüren sie schnell einigen Kindern die Schuhe. Während sie eine Beobachtung schreiben, essen sie ihr Butterbrot. Während sie ein Kind füttern, beruhigen sie das andere. Und schließlich gibt es noch die Aufsichtspflicht mit der Anforderung, nach Möglichkeit alles im Blick haben.

▶ **TIPP** Ein bewusstes Innehalten kann die Erzieherin darin unterstützen, das so genannte Multi-Tasking zu reduzieren. So kann es gelingen, mehr Aufgaben nacheinander als gleichzeitig zu bearbeiten und damit den selbstgemachten Stress zu reduzieren.

Ein wenig mehr Achtsamkeit für sich selbst bewirkt gleichzeitig mehr Rücksichtnahme bei anderen. Die Erzieherin kann die Schuhe der Kinder nach der Weitergabe der Informationen an die Mutter zubinden; das fordert von den Kindern das wichtige Erziehungsziel der Geduld ein. Sie kann das

Brot mit Genuss essen, wenn sie Ruhe und Muße dafür hat und sie kann und darf das Vorlesen auf die Situationen beschränken, in denen keine Störungen zu erwarten sind. Vielleicht ist es an einem Vormittag einmal gar nicht möglich etwas vorzulesen. Bedingt hat das Talent des Mult-Taskings auch Vorteile, doch es geht eindeutig auf das Konto Stress, bei dem einen mehr, bei dem anderen weniger. Selbstgemachter Stress findet sich im Kita-Alltag in unzähligen Situationen. Ihn bewusst ausfindig zu machen, ist der erste Schritt zur Veränderung.

Ansatzpunkte zur Stressreduktion finden

Die Arbeitssituation von Erzieherinnen weist seit vielen Jahren unzählige Stressfaktoren auf. Diese Belastungssituationen lassen zwei Ansatzpunkte zur Stressreduktion erkennen. Zum einen gilt es, die äußeren Umstände zu verändern wie Raum, Lärm und Pausen. Diese Stressfaktoren fordern zum bewussten Handeln auf. So kann die Erzieherin z. B. dem übermäßigen Lärm in der Gruppe mit fantasievollen Maßnahmen entgegenwirken, statt sich darüber zu beschweren. Zum anderen rückt die Persönlichkeit in den Blickpunkt und die Frage, wie die Erzieherin mit stressbeladenen Situationen umgeht: Sie kann z. B. überhöhten Erwartungshaltungen von Eltern mit Akzeptanz begegnen, ohne sie gleich erfüllen zu müssen, anstatt sich über die Eltern zu ärgern. Sie kann ihre eigene Fröhlichkeit wach halten, statt sich auf die schlechte Stimmung einer Kollegin einzulassen.

Der Motivationstrainer Nikolaus Enkelmann schreibt (2000) dazu: „Eine einflussreiche Persönlichkeit ist nicht überlastet. Sie kennt das Gesetz der Nächstenliebe. Wir sollten damit bei uns selbst anfangen. Sich anstrengen, um sich weniger anzustrengen, das ist die wirkungsvollste Anstrengung." Um Stress also grundlegend zu reduzieren, gilt es, sich selbst zu verändern. Damit ist nicht eine totale Persönlichkeitsumwandlung gemeint, es sind die eigenen Einstellungen und Bewertungen, die eigenen Maßstäbe die analysiert und verändert werden können – denn eine Veränderung von außen ist nicht zu erwarten.

Weder die Politiker noch die Gesellschaft scheinen sich für die stetig wachsenden Anforderungen oder dafür, wie die Erzieherinnen dies unter den

Erzieherinnen sind für Kinder gleichzeitig Beziehungsperson, Beraterin und Mitentdeckerin

gegebenen Umständen überhaupt umsetzen sollen, zu interessieren. Es werden im Gegenteil noch weitere Forderungen nach einer besseren Qualifizierung und einem Mehr an Fachkompetenz gestellt. Es steht außer Frage, dass jede Erzieherin die nötige Fachkompetenz besitzen muss, um ihre Arbeit verantwortlich und zum Wohle der Kinder zu erfüllen. Aber was ist mit den Menschen, die diese verantwortungsvolle Aufgabe übernommen haben und die das Ziel für sich beanspruchen, Kinder zu selbstbewussten und selbstbestimmten Persönlichkeiten zu erziehen?

Erzieherinnen mit ihrer Persönlichkeit gehören in den Mittelpunkt des Geschehens. Ihnen muss es gut gehen; sie dürfen nicht in einem Zustand der ständigen Überforderung mit Hektik, Ungeduld und Unausgeglichenheit ihren Arbeitsalltag und den damit verbundenen Arbeitsanspruch ausfüllen. Schließlich gilt es nicht, Akten zu sortieren oder Regale einzuräumen. Erzieherinnen sind Kindern gleichzeitig Vorbild, Beziehungsperson, Beraterin, Mitentdeckerin, Miterfinderin und vieles mehr. Professionalität verlangt mehr als Fachkompetenz.

Regie übernehmen

Es gibt neben der Möglichkeit der belastenden Akzeptanz der Situation auch die Möglichkeit, die Regie zu übernehmen für das eigene Leben und für die eigene Arbeit. Der Autor Mike George (2003) sieht dies so: „Trotzdem müssen Sie sich entscheiden: Möchten Sie sich lieber als Opfer der Gesellschaft, der Umstände, der Vergangenheit und anderer Menschen sehen, oder wollen Sie ihr Leben selbst in die Hand nehmen? Sicher ist es leichter, sich in der Opferrolle zu gefallen, besonders, da alle anderen es genauso machen. Wer sich jedoch auf die Opferrolle herausredet, degradiert sich zum Gefangenen seines selbst geschaffenen Leids.“

Trotz äußerer Zwänge gibt es die Chance, im Arbeitsalltag mehr selbst zu entscheiden. Es gilt, den Automatismen auf den Zahn zu fühlen und ihnen den Zwangscharakter zu nehmen.

Zu einer Inventur des Arbeitsalltags könnten folgende Fragen anregen:

- Wie viele Arbeiten werden gewohnheitsgemäß erledigt, ohne sie zu reflektieren und vielleicht zu verändern oder zu vereinfachen?
- Welche Handlungen und Abläufe sind mittlerweile Routine geworden, welche davon sind sinnvoll und welche davon sind durch weniger aufwändige zu ersetzen?
- Wie kann ich für das eigene Wohlbefinden sorgen?
- Wie kann ich negativen Stress wie Ärger und Aufregung reduzieren?
- Wie kann ich positiven Stress wie Gelassenheit aktivieren?
- Wie kann Gesundheitsförderung als Gestaltungskraft genutzt werden, um das Klima in der Einrichtung zu verbessern?
- Wie wird der Anspruch nach frühkindlicher Bildung erfüllt und wie passiert dies eigentlich schon lange?

Es ist an der Zeit, den Arbeitsplatz ein wenig mehr selbst zu gestalten und dies nicht mehr und mehr Außenstehenden zu überlassen. Anzustreben ist eine angemessene Balance zwischen dem, was aus der Arbeitsplatzbeschreibung heraus erwartet wird und dem, was Erzieherinnen selbst initiieren und einbringen, damit sie ihrer Arbeit auch mit Freude und Zufriedenheit, mit Engagement und Leidenschaft nachgehen können. Trägerorganisationen bieten eher selten ihre Hilfe und Unterstützung bei bestimmten Stresskonstellationen an. Deshalb kann nur die Erzieherin selbst sich zum Mittelpunkt des Geschehens machen und dafür sorgen, dass sie sich wieder wohlfühlt.

Eigenes Stressempfinden betrachten

Es sind die eigenen Gedanken, die wesentlich dazu beitragen, dass Stress entsteht. „Aller Stress beginnt mit einem negativen Gedanken, einem Gedanken, der unkontrolliert hinausging. Dann kamen mehr und mehr Gedanken, bis sich Stress manifestierte. Stress ist die Auswirkung, die Ursache aber war das negative Denken, es begann mit einem kleinen negativen

Gedanken. Ganz gleich, was sich bei Ihnen manifestiert haben mag. Sie können es umwandeln [...] mit einem kleinen positiven Gedanken – und dann einem weiteren." (Byrne 2007)

Die Konzentration auf die negativen Momente und Begebenheiten im Kita-Alltag kosten die Erzieherin Energie, Kraft und Freude. Ein Gefühl, sich ungerecht behandelt zu fühlen, macht sich breit und dieses Gefühl blockiert die Neugierde auf eine mögliche Veränderung von Umständen. Hier sind der individuelle Umgang und die eigene innere Haltung entscheidend und damit rückt die Persönlichkeit eines jeden ins Blickfeld. Was für den einen Stress bedeutet, kann für den anderen ein Ansporn zur Gelassenheit sein. Wie entscheidend die innere Haltung eine Situation beeinflussen kann, verdeutlicht das Beispiel „Elterngespräch".

Elterngespräch

Erzieherin A ist sehr fachkompetent und auch äußerst sprachgewandt, ebenso wie Erzieherin B. Es steht ein Gespräch mit Familie X an. Die Eltern dieser Familie sollen darin bestärkt werden, ihr Kind selbstständiger zu erziehen. Die Familie gilt im Erzieherteam als sehr schwierig und nicht gerade kooperativ. Erzieherin A. ist gelassen. Schon vor dem Gespräch denkt sie über gezielte Fragen an die Eltern nach, und obwohl sie aus Erfahrung um die anstrengende Gesprächssituation weiß, vertraut sie auf ihre Spontaneität und ihr Einfühlungsvermögen während solcher Begegnungen. Erzieherin A nimmt sich ganz bewusst vor, einer eventuell aufbrausenden und angriffslustigen Mutter mit Ruhe und Gelassenheit zu begegnen. Dieses Vorhaben nimmt ihr ein wenig die Unsicherheit, die sie manchmal in solchen Gesprächen verspürt.

Die beiden führen nach vorheriger Absprache das Gespräch gemeinsam mit den Eltern. Während der Vater der Familie sich als guter Zuhörer erweist und auch Verständnis für eine gemeinsame Erziehungshaltung anzeigt, reagiert die Mutter eher laut, aufbrausend und angreifend, als eine mögliche Überfürsorglichkeit zur Sprache kommt. Erzieherin A reagiert auf das unangemessene Verhalten der Mutter mit einer ruhigen Frage, die die Mutter zunächst nachdenklich stimmt und dann selbst wieder ruhiger werden lässt. Erzieherin B bringt mit ihrer Gestik und Mimik zum Ausdruck, dass sie aktiv zuhört, was die Eltern sagen.

Nach dem Gespräch wurden beide Erzieherinnen von den anderen Teammitgliedern nach dem Gesprächsablauf gefragt. Erzieherin A beschrieb das zum Teil laute, aufgebrachte Verhalten der Mutter. Sie selbst war froh über ihre eigene bewusste Absicht, ruhig zu bleiben. Erzieherin B schmunzelt mit den Worten, so ist sie nun mal die Familie X, wir können sie nicht ändern. Die persönliche Haltung der Erzieherinnen war entscheidend dafür, dass sie auf die lauten und angreifenden Äußerungen der Mutter nicht mit Unsicherheit, Unmut und sogar Angst reagiert haben.

Aus der persönlichen Veranlagung und den individuellen Lebenserfahrungen heraus entwickelt jeder seine eigene Einstellung, die gesamte Persönlichkeit, seine Bewältigungsstrategien und seine Belastbarkeit – damit bewertet er Situationen und reagiert entsprechend.

▶ **TIPP** Jeder Mensch entwickelt eigene Bewältigungsstrategien für bestimmte Situationen. Es kann hilfreich sein, das Repertoire der Kolleginnen an solchen Bewältigungsstrategien bewusst zu betrachten, um davon profitieren zu können.

Eine konkrete Anregung für die Bewältigung von Belastungssituationen gibt der Leitsatz der Anonymen Alkoholiker. Er baut sowohl auf die langfristige Veränderung der Persönlichkeit als auch auf die aktive Bewältigung von Stressfaktoren: „Lieber Gott, gib mir die Gelassenheit, die Dinge, die ich nicht ändern kann, zu akzeptieren, den Mut, jene zu ändern, die ich ändern kann und die Weisheit, das eine von dem anderen zu unterscheiden."

Doch allein der liebe Gott wird es nicht richten. Hier ist Eigenverantwortung gefragt. Was also können Erzieherinnen wie verändern und beeinflussen? Wie sieht die eigene innere Einstellung gegenüber Fakten aus, die nicht veränderbar sind? Wie ist der eigene Umgang mit Kritik und negativen Äußerungen?

Schon vor 2500 Jahren sagte der chinesische Philosoph Laozi: „Der Mensch hat es in der Hand, sein Schicksal zu gestalten. Je nachdem, ob er sich durch sein Benehmen dem Einfluss der segnenden oder der zerstörerischen Kräfte aussetzt." Es ist an der Zeit, den negativen Faktoren den Rücken zu kehren und die Aufmerksamkeit auf das zu lenken, was gewollt und erwünscht ist.

Visionen entwickeln

Ein Wunschzettel mit der Frage „Wie wünschen Sie sich ihren Arbeitsplatz?" galt als Einladung für eine Befragung von mehreren Erzieherinnen in unterschiedlichen Kindertageseinrichtungen. Das Ergebnis ist aussagekräftig; Erzieherinnen wünschen sich in ihrem Arbeitsfeld:

- Ruhe und Gelassenheit
- Erziehungspartnerschaften mit Eltern
- Eine faire und entspannte Teamatmosphäre
- Mehrere kleine Pausen
- Ein gesundes Maß an Anspannung und Entspannung
- Lob, Anerkennung und Bestätigung
- Humor und Freude an der Arbeit
- Arbeitsanreize
- Ein gesundes Maß an Arbeitsinhalten und Arbeitsaufgaben
- Klare Absprachen und Regeln und dessen Einhaltung
- Individuelle Fortbildungen
- Kollegiale und faire Vorgesetzte und Arbeitskolleginnen.

Visionen und Wünsche gehen nicht von allein in Erfüllung. Es liegt allein bei jedem selbst, sich auf die Erfüllung seiner Wünsche zu konzentrieren und aktiv zu werden.

2 Sich selbst verändern

Jeder Mensch hat sein eigenes Lebens- und Lerntempo und das gilt auch für Veränderungen. Während ein Zuviel an Veränderung das Leben eher chaotisch und unruhig werden lässt, macht ein Zuwenig das Leben langweilig, monoton und vorhersagbar. Wenn Erzieherinnen ganz bewusst ihre eigenen persönlichen und arbeitsbezogenen Veränderungen ins Blickfeld nehmen, erfordert dies jedoch eine Veränderungsbereitschaft. Verbunden mit Begeisterung und Leidenschaft kann sie für neue Wege sorgen.

Sein Verhalten verändern zu wollen, setzt die eigene Einsicht voraus und den Entschluss, dass es „so nicht mehr weiter gehen soll“. Wer jedoch ganz bewusst und gezielt Gewohnheiten durchbrechen möchte, braucht Disziplin, Mut und Risikobereitschaft. Es ist immer einfacher und bequemer, alte Verhaltensmuster, Einstellungen und Haltungen beizubehalten. Eigene vertraute Reaktionen vermitteln ein Stück Sicherheit ebenso wie die Reaktionen der anderen Menschen. Mit bekannten Reaktionen umzugehen, ist zur Gewohnheit geworden und sie sind fast schon selbstverständlich, selbst wenn sie manchmal unangenehm sind.

Im Laufe des Berufslebens gibt es immer wieder Eltern oder Kolleginnen, deren Meinung oder Arbeitshaltung nicht unbedingt mit der eigenen übereinstimmt. Der einzige Weg, im Kontakt mit vermeintlich oder real schwierigen Menschen für das eigene Wohlbefinden zu sorgen, ist die Konzentration auf das eigene Verhalten, die eigene Reaktion. Es ist und bleibt anstrengend, das Verhalten eines anderen Menschen ändern zu wollen oder auf Einsicht zu warten.

Es ist Zeit für mehr Selbstfürsorge. Es ist Zeit, sich auf den Weg zu machen, sich selbst zu verändern. Ein erster Schritt ist, sich zunächst einmal selber besser kennenzulernen.

Sich selbst kennen lernen

Der Autor Mike George (2003) nimmt eindeutig Stellung zum Thema Selbsterkenntnis: „Vielen Leuten ist die Vorstellung absurd, sich selbst kennen zu lernen. Ja, diese Vorstellung steht in einem so krassen Widerspruch zu allem bisher Gelernten, dass sie darin eine Welt und lebensfremde Spinnerei sehen. Malen Sie sich mal Folgendes aus: Mit achtzig stellen sie plötzlich fest, dass Sie bereits als Zwanzigjähriger das Potential gehabt hätten, ein geistreicher, kluger, ja spiritueller Mensch zu sein – nur haben Sie diese latenten Fähigkeiten gar nicht erkannt! Die in uns verborgenen Schätze können wir nur ausgraben, wenn wir uns selbst kennen und uns selbst zu steuern vermögen."

Alle Menschen sind auf Grund ihrer Erziehung und Erfahrungen zu unterschiedlichen Persönlichkeiten herangewachsen. Sie haben unterschiedliche Werte, Einstellungen und Überzeugungen und letztere können unter Umständen sehr hartnäckig sein. Ein erster Schritt zur Veränderung, ist die „Beziehung zu sich selbst" wahrzunehmen, sie zu entdecken, zu verstehen und zu akzeptieren, um nicht unreflektiert die eigene Vorstellungswelt auf Kinder zu übertragen. Wie sehe ich mich selbst? Wie sehen mich die anderen?

Ein offener Austausch über die Eigen- und Fremdwahrnehmung macht ein Sich-selbst-Kennenlernen möglich. Es fördert die Empathiefähigkeit der Erzieherinnen für die individuellen Lebenslagen eines jeden Teammitgliedes und damit nicht zuletzt auch für die der Kinder. Wenn die Selbsteinschätzung ihre notwendige Beachtung und Aufmerksamkeit bekommt, wird auch ein entspannter Umgang und die faire Einschätzung anderer Menschen umso mehr gelingen.

Fragen an sich selbst

Die Übung „Fragen an sich selbst“ (Tab. 2.1 und 2.2) lädt ein, sich dem Thema der Selbst- und Fremdeinschätzung zu öffnen und sich selbst in eine Beziehung zu stellen – in die Beziehung zu sich selbst und zu anderen. Zunächst einmal beantwortet jeder die Fragen für sich selbst, bevor er es mutig wagt, sich in einem zweiten Schritt von den Kolleginnen einschätzen zu lassen.

Fragen an sich selbst	
Wer bin ich? Hinweis: Den Fragenbereich zunächst allein für sich beantworten. Ein Austausch mit anderen Menschen über diese Fragen setzt ein hohes Maß an Vertrautheit voraus.	• Wie bin ich aufgewachsen? Welche positiven und negativen Verhaltensweisen führe ich auf meine Erziehung zurück? • Mag ich mich so wie ich bin? • Welchen Sinn hat mein Leben? • Was tue ich dafür, dass ich Freude an meiner Arbeit habe? • Was will bzw. würde ich in meinem Leben verändern? • Was will ich lernen? • Bin ich ein Optimist oder ein Pessimist? • Was sind meine Stärken, was sind meine Schwächen und wie gehe ich mit ihnen um? • Was tue ich, wenn ich Hilfe brauche? • Wie vertrete ich anderen gegenüber meine Ansichten und Interessen?

Fragen an sich selbst		
	• Wie gehe ich mit meinen Bedürfnissen um? • Wie gehe ich mit Erwartungen von Freunden und anderen Mitmenschen um? • Was mache ich mit eigenen Ideen, Einfällen und Visionen? • Welche Bedeutung haben Veränderungen in meinem Leben? • Was macht mir Angst und wie gehe ich mit meiner Angst um?	
Wie bin ich? In welcher Situation bin ich …? Hinweis: Die Fragen nacheinander bearbeiten. Weiterführende Fragen: • Was kreuze ich an und wie schätzen mich meine Kolleginnen ein? • Worüber möchte ich mich austauschen?	• Authentisch • Spontan • Flexibel • Fantasievoll • Lebendig • Offen • Experimentierfreudig • Depressiv • Humorvoll • Gefühlvoll • Sachlich • Intelligent • Dominant • Verständnisvoll • Attraktiv	• Vertrauenswürdig • Respektvoll • Empathisch • Kommunikativ • Ordnungsliebend • Chaotisch • Bewegungsfreudig • Musikalisch • Fröhlich • Mitreißend • Neidisch • Eifersüchtig • Missgünstig • Liebenswert • Verbissen
Wie spreche ich? (→ Kap. 4) Weiterführende Fragen: • Was trifft am ehesten zu? • Was nehmen die anderen wahr?	• Verständlich/unverständlich • Konkret/umschreibend • Klar und deutlich/undeutlich • Ganze Sätze/unvollständige Sätze • Fantasievoll/monoton • Bestimmend/nachfragend • Lebendig/langweilig • Ruhig • Zurückhaltend	

Tab. 2.1: Fragenkatalog zur Selbst- und Fremdeinschätzung

Der Fragenkatalog ist als Anregung zu verstehen. Er kann jederzeit ergänzt werden. Die Selbsterkenntnis „ich weiß wer ich bin“ und „ich weiß wie ich bin“ sowie das Bewusstsein darüber sind eine Voraussetzung dafür, sich selbst und andere in ihrem Sosein und all den menschlichen Gegensätzlichkeiten zu erkennen und anzunehmen. Die Autorin Otti Pfeiffer sagt: „Ich träume davon, dass jemand mich annähme, einfach so wie ich bin, mit meinen ungereimten Wünschen, unfertigen Charakter und alten Ängsten. Ich träume davon, dass jemand mich gelten lässt, ohne mich zu erziehen, mit mir übereinstimmt, ohne sich anzustrengen. Ich träume davon, dass ich mich nicht verteidigen muss, nicht erklären und kämpfen muss, dass einer mich liebt.“

Um der Selbstakzeptanz und der Akzeptanz der anderen näher zu kommen, dient der zweite Teil der Übungen „Fragen an sich selbst“. Er regt zur Auseinandersetzung mit der Rolle als Erzieherin und Kollegin an.

Fragen an sich selbst

Wie verhalte ich mich in der Rolle als Erzieherin?

Weiterführende Fragen:
- Welche Rollen übernehme ich im Kontakt mit den Kindern? (Lernende, Besserwisser, Gestalter/Mitgestalter, Herausforderer, Beziehungsperson)
- In welcher Rolle fühle ich mich wohl?
- Warum ist das so?
- Sehen mich meine Kolleginnen genauso im Umgang mit Kindern, wie ich mich selbst wahrnehme?
- Was berührt mich im Umgang mit Kindern?
- Wann und warum lehne ich ein Kind ab?
- Bevorzuge ich einige Kinder? Wenn ja, warum und wie?
- Kann ich mich gut in Situationen von Kindern hineinversetzen? Verstehe ich meistens, was und wie sie es tun?
- Bin ich geduldig oder dränge ich häufig Kinder, zu einem Ergebnis zu kommen?
- Spiele ich Kindern gegenüber meine Macht aus? Wann und warum ist das so?
- Wie reagiere ich auf besonders lebhafte Kinder und was hat das mit mir zu tun?
- Wie reagiere ich auf besonders zurückhaltende Kinder und was hat das mit mir zu tun?
- Wie wirkt sich meine Bewegungsfreude/-armut auf die Kinder aus?

Fragen an sich selbst	
	• Wie gehe ich mit künstlerischen Aktivitäten um? Bewerte ich Bilder von Kindern? Fließt mein Geschmack mit ein, wenn ich Bilder von Kindern begutachte? Wie passiert das? • Wie überträgt sich meine Einstellung zum Thema gesunde Ernährung? Zeige ich Konsequenz oder eher Gleichgültigkeit, wenn es darum geht, Kindern ein gesundheitsbewusstes Verhalten vorzuleben? • Wie wirkt sich meine Musikalität/Nicht-Musikalität auf die Kinder aus?
Wie verhalte ich mich in der Rolle als Kollegin?	• Welche Rolle übernehme ich im Team? • Wie fühle ich mich im Team? • Was macht mich unsicher im Kontakt mit Kolleginnen? • Akzeptiere ich die Andersartigkeit der Mitarbeiterinnen? • Habe ich Vorurteile Kolleginnen gegenüber? Welche sind das? • Trage ich Konflikte offen aus? Trage ich vor, wenn ich mit etwas nicht einverstanden bin, eine andere Meinung habe, etwas nicht verstehe? • Wie gehe ich mit Kritik um? • Wie gehe ich mit Lob um? • Wie gehe ich mit dem Gefühl der Überforderung um? • Was trage ich zu einem positiven/negativen Teamgeist bei? • Sehen mich meine Kolleginnen im Umgang mit ihnen so, wie ich mich selbst sehe?

Tab. 2.2: Fragenkatalog zur Auseinandersetzung mit dem eigenen Rollenverständnis im Beruf

Auch der Fragenkatalog aus Tab. 2.2 lässt sich jederzeit ergänzen und fordert geradezu heraus, sich weitere Fragen zu stellen. (Erstveröffentlichung des Fragenkatalogs in: klein&groß, Ausgabe 12/2004, Seite 36–38. © 2008 Oldenbourg Schulbuchverlag GmbH München.)

Die Antworten können darin unterstützen:

- Das eigene Bild anzuschauen und es zu verinnerlichen
- Sich über eigene Stärken und Schwächen bewusst zu werden
- Ziele zu formulieren für die weitere Entwicklung der eigenen Persönlichkeit
- Sich kontinuierlich über den eigenen Wachstumsprozess auszutauschen
- Sich in der eigenen Berufsrolle wahrzunehmen und das Selbstkonzept und Fremdkonzept zu akzeptieren.

Die Antworten dienen in erster Linie der Selbstakzeptanz: Ja, ich bin manchmal unsicher. Ja ich kann nicht so gut mit Kritik umgehen. Ja mein künstlerisches Talent macht mich stolz. Ich muss nicht perfekt werden, muss nicht alles an mir verändern, ich nehme mich so an wie ich bin.

Selbstannahme und Selbstakzeptanz gehen einher mit einem Gefühl der Selbstliebe. Sie sind die Voraussetzung dafür, sich der persönlichen und der damit verbundenen beruflichen Weiterentwicklung zu widmen. Erst, wenn Stärken und Schwächen als allseits vollkommen natürliche, menschliche Grundausstattung einer jeden Persönlichkeit erkannt und angenommen werden, können sich bewusst und gezielt Stärken verstärken und Schwächen abschwächen.

Es tut gut, sich selbst einmal genauer zu beleuchten, ehrlich mit sich selbst zu sein. Und es wird immer die Seiten geben, die nicht gesehen werden wollen, die verdrängt werden, die sich jemand nicht eingestehen mag. Ehrlichkeit mit sich selbst schafft Vertrauen zu sich selbst – Vertrauen zu sich selbst schafft Freiheit – Freiheit macht alles möglich.

Persönliche Ziele formulieren

Wer liebt es nicht, auf eine Party zu gehen und sich im Laufe des Abends genussvoll am reichhaltigen Buffet zu bedienen. Jeder wählt selbst aus, was und wie viel er essen möchte, weil nur er allein weiß, was er mag. Doch wie sieht es in anderen Lebensbereichen aus? Wie viele Entscheidungen trifft ein jeder wirklich selbst für seine Lebenssituationen?

Die meisten Menschen haben im Laufe des Lebens gelernt, andere für ihre Stimmungen, Empfindlichkeiten, für ihren Ärger oder Unmut verantwortlich zu machen. Die meisten kennen die Auseinandersetzung mit der Mitarbeiterin oder mit dem Chef, mit Familie Schmitt oder Meier und geben gerne dem anderen die Schuld an der Auseinandersetzung, an dem Gefühl des Unwohlseins oder des Unverständnisses. Doch jeder Einzelne hat die Chance, sich für oder gegen ein Verhalten zu entscheiden.

Jeder besitzt positive wie negative Eigenarten und während der eine vielleicht ein hervorragender Zuhörer ist, ist der andere ein Künstler im Dazwischenreden. Doch genau an dieser Stelle beginnt die Verantwortung für das eigene Leben. Jeder entscheidet selbst darüber, ob er eher dem Zuhörer nacheifern möchte oder ob das Dazwischenreden sein Markenzeichen bleiben soll. Genau hier setzt die Übung „Das Kita-Buffet“ an.

Das Kita-Buffet

Die Übung „Das Kita-Buffet“ macht den Mitspielern bewusst, dass sie sich für oder gegen etwas entscheiden können. Sie lädt zu einer bewussten Lebensgestaltung ein und dazu, die Verantwortung für die eigene Entscheidungen zu übernehmen.

Das Kita-Buffet

Vorbereitung: Der Spielleiter schreibt Begriffe zu positiven und negativen Arbeitszielen, Verhaltenszielen, Verhaltensweisen oder Einstellungen auf 30 x 15 cm große Kartonkarten. Dies können Begriffe sein wie Selbstbestimmung, Fremdbestimmung, Lachen, Humor, Motivation, Anerkennung, Fairness, Kollegialität, Wertschätzung, liebevolle Beziehungen, Freude, Zeitdruck, Bewegung, Musik, Träume, Sorgen, Ärger, Neid, Missgunst, Eifersucht, Sauerstoff, Körperkontakt, Optimismus, Pessimismus, Offenheit, Gelassenheit, Ehrlichkeit, Unehrlichkeit, Nähe, Mut, Angst, Konflikte, Empathie, Glauben, Verlässlichkeit, Höflichkeit, Akzeptanz, Authentizität, Geduld, Leidenschaft, Aufregung, Ärger, Risiko, Experimentierfreude, Zuverlässigkeit, Präsenz, Hilfsbereitschaft, Entspannung. Alle Karten gibt es mehrfach. Sie werden mit der unbeschrifteten Seite nach oben auf den Boden gelegt.

Ablauf: Zunächst stellen sich alle in einem Kreis zusammen und der Spielleiter motiviert die Mitspielerinnen, sich zum Thema „Ich entscheide mich" am Kita-Buffet zu bedienen. Zur Musik „You can get it, if you really want" von Desmond Dekker decken alle Teilnehmerinnen jeweils eine Karte auf und sammeln so insgesamt fünf Karten, auf denen sie die Begriffe entdecken, für die sie sich inhaltlich entscheiden wollen. Lehnen sie eine Karte ab, decken sie sie wieder zu.

Haben alle Teilnehmerinnen ihre fünf Karten gewählt, stellen sich alle in einen Kreis und präsentieren nacheinander ihre Entscheidungen. Alle haben sich bewusst für, aber auch gegen bestimmte Verhaltensweisen entschieden. Alle negativen Begriffe, die auf dem Boden liegen geblieben sind, schreiben die Teilnehmerinnen dick auf aufgeblasene Luftballons, die jeweils an einem Band hängen. Ein Fenster wird geöffnet und alle Ballons treten nach einem gemeinsamen und kräftigen „eins, zwei, drei" der Teilnehmerinnen ihren Flug an. Ganz bewusst schauen alle den fortfliegenden Ballons nach. Mit dieser symbolischen Aktion verabschieden sich die Teilnehmerinnen von den negativ besetzten Begriffen und Verhaltensmöglichkeiten.

Die Autorin Rhonda Byrne (2007) findet für den Prozess der bewussten Entscheidung ihre eigenen Worte: „Sie wollen sich ihrer Gedanken bewusst werden und sie sorgfältig auswählen, und Sie wollen Spaß dabei haben, weil sie das Meisterwerk Ihres eigenen Lebens sind. Sie sind der Michelangelo, der Gestalter Ihres eigenen Lebens. Und Sie selbst sind der ‚David', den Sie gestalten."

Das Kita-Buffet kann seine Fortsetzung finden an der „Wir-Wollen-Wand“. Die Mitarbeiterinnen entscheiden, ob sie ihre individuell ausgewählten Entscheidungen an einer Wand anheften. Auf diese Weise werden Vorsätze nicht nur für einen kurzen Moment ausgesprochen, sie bleiben durch diese Form der Transparenz präsent und damit im Blickfeld jedes Einzelnen.

Veränderungen anregen

Es gilt auch heute noch vielfach als überheblich und arrogant, sich mit den eigenen Vorzügen zu beschäftigen und so kommt es, dass dies oftmals vernachlässigt wird. Sich der eigenen Stärken und liebenswürdigen Verhaltensweisen bewusst zu sein und sie offen nach außen zu tragen, ohne dabei andere abzuwerten, schafft mehr Selbstsicherheit und Selbstbewusstsein.

Die Ja- und Nein-Liste

Wer sich selbst kennt, kann auch andere besser kennen lernen und damit besser verstehen. Das Erstellen einer Ja- und einer Nein-Liste (→ Tab. 2.3) hilft bei diesem Prozess. Was mag ich an mir? Was mag ich nicht so sehr an mir, auch wenn ich es eigentlich akzeptiere und nicht verurteile? Welche Verhaltensweisen mag ich nicht an mir, welche sind verantwortlich dafür, dass ich mich gestresst fühle, dass ich mich unwohl fühle? Was würde ich am liebsten verändern?

Die Ja- und Nein-Liste

Ja, ich mag an mir	• Dass ich meistens freundlich bin und viel Humor besitze • Dass ich hilfsbereit und verständnisvoll bin • Dass ich oftmals gute Ideen habe und diese auch umsetze • Dass ich emphatisch bin

Die Ja- und Nein-Liste	
	• Dass ich kritikfähig bin • Dass ich geduldig und gelassen bin • Mein äußeres Erscheinungsbild • Dass ich …
Nein, ich mag nicht an mir	• Dass ich mich schnell angegriffen fühle, • Dass ich mich über Kleinigkeiten ärgere, • Dass ich meine Kollegin beneide, • Dass ich oftmals hektisch bin • Dass ich …

Tab. 2.3: Die Ja- und Nein-Liste gibt Anregungen zur Selbstklärung

Die positiven Persönlichkeitsmerkmale der Ja-Liste tragen wesentlich dazu bei, wie wohl jeder einzelne sich fühlt, und so können sie mit Freude und mit leidenschaftlichem Einsatz beibehalten werden. Die Nein-Liste zeigt die Verhaltensweisen auf, die als nicht unbedingt wünschenswert bewertet werden. Eine Entscheidung ist fällig. Es gilt, sich hier das kleinste Übel herauszusuchen oder aber jenes Verhalten, das immer wieder großen Stress verursacht.

Welches Verhalten möchte ich verändern und wie soll das neue Verhalten aussehen? Was kann ich dafür auf welche Weise einüben und stabilisieren? Ist es bei einer Erzieherin z. B. das ständige Sich-Ärgern über Kleinigkeiten, so kann es bei der Kollegin die selbst eingestandene Unfreundlichkeit oder auch die häufige schlechte Laune sein und bei der nächsten Kollegin ist es die Hektik, die sie angehen möchte. Dieser Veränderungsprozess geschieht jedoch nicht durch die Entscheidung allein, er erfordert einige kleine tägliche Übungen. So wie viele Menschen wie selbstverständlich ihre Muskeln trainieren, gibt es auch gezielte Trainingsmaßnahmen für den Geist und die Gedanken. Das Gelassenheitsprogramm lädt dazu ein.

Mehr Gelassenheit finden

Gelassenheit ist eine Fähigkeit, die gerade im Alltag einer Erzieherin dazu beiträgt, negativen Stress abzubauen oder erst gar nicht aufkommen zu lassen. Damit ist keine Gleichgültigkeit gemeint, sondern eine souveräne und akzeptierende Haltung all den Momenten gegenüber, in denen „Ärger in der Luft liegt".

Der Autor Eckhart Tolle (2005) beschreibt die Folgen, wenn es nicht gelingt, Ärger mit Gelassenheit zu begegnen: „Ärger bedeutet erbost, entrüstet, gekränkt oder verletzt zu sein. Du ärgerst dich über die Gier, die Unehrlichkeit oder die Unanständigkeit anderer, über das, was sie tun, was sie getan oder nicht getan haben, was sie gesagt haben, was sie hätten tun oder lassen sollen. [...] Manchmal existiert der ‚Makel', den du bei anderen wahrnimmst, gar nicht. Er ist bloß eine totale Fehlinterpretation deinerseits, die Projektion eines Denkens, das so konditioniert ist, dass es Gegner sieht, damit du dich ins Recht setzen oder überlegen fühlen kannst. Bisweilen mag tatsächlich ein Fehler vorhanden sein, aber wenn du dich darauf konzentrierst und vielleicht sogar für nichts anderes mehr Augen hast, verstärkst du ihn nur. Und auf was du bei anderen reagierst, stärkst du in dir selbst."

Das Gelassenheitsprogramm

Die Übung „Gelassenheitsprogramm" unterstreicht die Absicht, häufiges ärgerliches Verhalten abzulegen und stattdessen Gelassenheit einzuüben. Es sind einzelne kleine Übungen, die in den Alltag integriert werden können. Und wie der Klavierstimmer immer wieder die gleichen Tasten drückt, um endlich die richtigen Töne zu erzielen, so spricht die eigene weise Stimme immer wieder die gleiche Formel, bis diese sich in Geist und Seele wohlig eingenistet hat. Voraussetzung ist zunächst, für sich selbst das eigene erwünschte Verhalten zu formulieren: „Ich reagiere gelassener, wenn ..."

Das Gelassenheitsprogramm

- **Ich bin gelassen** – immer wieder neu transportiere ich diese Affirmation in das Gedächtnis – morgens, mittags, abends und auch zwischendurch. Sie wird zum selbstverständlichen Begleiter wie die eigene Handtasche und das Handy.
- **Ich bin gelassen** – dieser Spruch kommt zu Hause auf den persönlichen Spiegel, an die Wandfliese oder in der Einrichtung an eine Stelle, die ich jeden Tag bewusst sehe.
- **Gelassenheit tut gut** – als persönlicher „Klatsch-Rap" wird diese Aussage tagsüber einige Male rhythmisch in die Hände geklatscht.
- **Gelassenheitsritual** – 5 bis 10 Minuten am Tag höre ich leise Instrumentalmusik, ich entspanne und meditiere.
- **Ich warte ab** – beim geringsten Anzeichen, dass ich mich ärgere, atme ich tief ein und aus, tief ein und aus verbunden mit den Gedanken „ich bin gelassen". Dann erst spreche ich aus, was ich sagen möchte und mit der Zeit, mit regelmäßigen Gelassenheitsübungen werden meine Reaktionen und Antworten wesentlich gelassener ausfallen.
- **Gelassenheitstag** – einen ganzen Tag lang werde ich nur gelassen sein. Fühle ich mich von anderen angegriffen, ärgere ich mich über eine Situation oder über ein Verhalten, werde ich einen vorbereiteten Merkzettel mit der Aufschrift G e l a s s e n h e i t lesen, um danach der Situation in Ruhe zu begegnen. Schaffe ich es einen Tag lang, mich über nichts zu ärgern? Schaffe ich es, „etwas stehen zu lassen", etwas einfach so zu lassen wie es ist, ohne darauf einwirken zu wollen?
- **Gelassenheitswand** – das Team sammelt Sprüche, Aphorismen, Gedichte und Zitate, die mit Gelassenheit zu tun haben. Durch diese Form der Transparenz ist eine kontinuierliche Begegnung mit Gelassenheit, zumindest mit Worten, gegeben. Die Erinnerung daran kann in „Notfällen" Unterstützung geben.
- **Gelassenheitstee** – eine Teekanne, die im Personalraum auf dem Tisch steht, wird mit „Gelassenheitstee" beschriftet. Sie erinnert die Teammitglieder beim gemeinsamen Teetrinken an ihre Gelas-

senheit. Eine weitere Idee ist es, das Pappschildchen am Ende der einzelnen Teebeutel mit der entsprechenden Aufschrift zu überkleben.

Das Gelassenheitsprogramm wird und soll nicht jeden Ärger verhindern. Ärger darf sein, er ist kein böser Feind, den es zu vernichten gilt. Ärger gehört zum Leben. Ziel ist es, den auftretenden Ärger kognitiv und emotional zu steuern, damit er nicht zur Last fällt. Wer Ärger bewusster wahrnimmt und als solchen empfindet, der kann ihm auch bewusster begegnen. Gelingt es gar, Ärger als eine Art unguten Geist zu personifizieren, als etwas, das sich nicht in, sondern außerhalb des Körpers befindet, dann reduziert sich das Gefühl, persönlich verletzt zu sein oder es verschwindet ganz.

Es gibt zahlreiche Möglichkeiten, sich von Ärger auch körperlich zu befreien: Es ist sicherlich ratsamer, auf ein Kissen einzuschlagen, im Auto laut zu schreien oder einen „Ärgerlauf" zu starten, statt den eigenen Ärger über dieses und jenes an den Eltern, Kolleginnen oder der Chefin auszulassen und ihnen damit aufzubürden.

Ärger provoziert Ärger und dies wiederum macht so manche Situation zu einer Spannungssituation, die nur wieder Stress bedeutet, für alle Beteiligten. Jeder entscheidet für sich, ob er sich hineinsteigert, sich aufregt, sich mit fantasievollen Umschreibungen des kleinen Übels weiter aufheizt und den Ärger zum großen Problem heranwachsen lassen möchte oder ob er mit Ruhe und Gelassenheit den Ärger minimiert oder ihn regelrecht verzaubert. Wie oft ist z. B. Ärger, der mit einer Prise Humor versehen wird, wie auf Knopfdruck verschwunden?

Den positiven und freudigen Momenten im Alltag mehr Aufmerksamkeit zu schenken, fördert die Gelassenheit

Schritt für Schritt

Die kleine Übung „Schritt für Schritt“ zum Thema Ärger und Gelassenheit kann die eigene unterschiedliche Stimmungslage und das damit einhergehende Gefühl dafür vertiefen.

Schritt für Schritt

Eine Mitarbeiterin erinnert und vergegenwärtigt sich noch einmal ganz bewusst die letzte Situation, in der sie sich z. B. über das Verhalten einer Mutter geärgert hat. Sie stellt sich in einem Abstand von ca. 10 Metern einer Kollegin gegenüber, die die Gelassenheit verkörpert. Ganz langsam geht sie Schritt für Schritt auf die personifizierte Gelassenheit zu und wiederholt dabei den Satz: „Ich entscheide mich für meine Gelassenheit“. Am Ziel angekommen, schaut sie der Gelassenheit in die Augen. Es kann auch sein, dass sie die Gelassenheit umarmt; die Entscheidung liegt ganz allein bei der Akteurin. Die beiden Kolleginnen können dann die Rollen tauschen, damit jeder einmal nachspüren kann, wie sich das Gefühl von Gelassenheit ein wenig herbeizaubern und vielleicht auch verinnerlichen lässt.

Beide Übungen zum Thema Gelassenheit sind auch auf andere erwünschte Verhaltensänderungen übertragbar. Ein „Tag der Freundlichkeit“, ein „Tag der Geduld“ oder ein „Tag der Stille“ bietet die Chance, diese inneren Haltungen zu personifizieren und ihnen damit auf ganz ungewöhnliche Weise zu begegnen.

Gedankentausch

Gedanken werden im täglichen Leben normalerweise mit anderen Menschen ausgetauscht. Doch auch die eigenen Gedanken lassen sich mit anderen eigenen Gedanken austauschen. Jeder Einzelne ist der Herr über seine Gedanken, auch wenn dies dem ein oder anderen nicht bewusst ist. Mit positiven oder negativen Gedanken wird eine positive oder eine negative Stimmung kreiert. Positive Gedanken können negative Gedanken ersetzen. Diese Macht über die Gedanken kann jeder nutzen, um bewusst ein positives Wohlgefühl zu erschaffen. Sich bewusst, auf positive Gedanken zu konzentrieren, bedeutet, positive Gedanken gezielt zu bestimmen.

Gedankentausch

Ich ärgere mich →	Ich freue mich
Dass Frau M. sich bei mir über die schmutzigen Schuhe ihrer Tochter beklagt hat	Dass Frau K. sich bei mir für den Hinweis auf eine Veranstaltung bedankt hat
Dass meine Kollegin die Schicht nicht mit mir getauscht hat	Dass meine Kollegin Rücksicht auf mein Unwohlsein genommen hat und mich entlastet hat
Über mich selbst, weil ich vergessen habe, der Kollegin das versprochene Buch mitzubringen, das sie so nötig braucht	Dass ich heute Nachmittag frei habe
Dass die Kinder heute so laut sind, es regnet und wir nicht nach draußen gehen können	Dass es mir im Laufe des Vormittages mit fantasievollen Ideen immer wieder gelingt, für mehr Ruhe zu sorgen

Tab. 2.4: Anregungen zum Austausch von negativen Gedanken gegen positive

Gelingt es, den positiven und freudigen Momenten im Alltag mehr Aufmerksamkeit zu schenken, als jenen, die belastend sind, dann hat dies auch eine Auswirkung auf die Stimmung, die sich verbreitet. Stimmungen, ob gute oder schlechte haben einen nicht zu unterschätzenden Einfluss auf die Leistung, die Motivation, die Anstrengungsbereitschaft und auf das Urteilsvermögen. Jede Erzieherin ist auch eine Stimmungsmacherin. Sie selbst ist für gute oder schlechte Stimmung verantwortlich, aber zunächst erst einmal für ihre eigene Stimmung. Sie tut nicht nur sich selbst einen großen Gefallen, wenn sie sich ganz bewusst um eine positive Stimmung bemüht, sie kann Kolleginnen, Eltern und nicht zuletzt auch die Kinder damit infizieren, denn Stimmungen sind ansteckend. Stimmungen kommen also nicht einfach angeflogen, obwohl dies manchmal den Anschein hat – sie sind selbst gemacht.

Ärgerkorb

Gute Laune kann regelrecht selbst produziert werden, es braucht allein die Entscheidung dafür. Die Bewusstseinsübung „Gedankentausch" bietet Anregungen, sich in Richtung gute Laune auf den Weg zu machen. Diesen Prozess kann die Übung „Ärgerkorb" noch unterstützen. Dahinter steckt die Idee, den eigenen Seelenmüll wie den Hausmüll täglich zu entsorgen.

Ärgerkorb

Ein Papierkorb wird zum Ärgerkorb deklariert und entsprechend beschriftet. Neben dem Korb liegen Zettel mit der Aufschrift: „Ich ärgere mich darüber, dass ..." Sie laden ein, den momentanen Ärger über etwas aufzuschreiben, anschließend zu zerknüllen oder klein zu reißen und in den Ärgerkorb zu werfen. Auf einem weiteren Stapel liegen Zettel mit der Aufschrift: „Ich freue mich darüber, dass ...". Sie laden dazu ein, die freudigen Gedanken über eine Sache in den Mittelpunkt der eigenen Gedankenwelt zu stellen.

Die Freudezettel steckt die Erzieherin ein oder heftet sie im Gruppenraum an eine Stelle, die sie am Tag immer mal wieder im Blick hat. Wie voll ist der Korb am Ende eines Monats?

Anerkennungskultur entwickeln

Wenn die Selbstakzeptanz wachsen soll, braucht es nicht nur ein Ja zu den eigenen Liebenswürdigkeiten und menschlichen Vorzügen, es braucht auch ein Ja zu den eigenen Talenten und Fähigkeiten. Es gilt eine Anerkennungskultur für sich selbst und im Team zu entwickeln.

Die Erwartungshaltungen an die beruflichen Fähigkeiten einer Erzieherin gleichen so manches Mal der Beschreibung eines Multitalents im kreativen, kommunikativen, naturwissenschaftlichen, konstruktiven, hauswirtschaftlichen, darstellerischen, sportlichen, musikalischen und zwischenmenschlichen Bereich. Ganz zu schweigen von ihrem allumfassenden Allgemeinwissen. Viele Erzieherinnen haben sich diesen überdimensionierten Anspruch selbst zu Eigen gemacht. Doch eine Erzieherin muss nicht alles können. Mit einem solchen Anspruch an sich selbst geht nicht selten das Gefühl der Überforderung und Belastung einher, das Körper und Psyche in höchstem Maße gefährdet. Kinder brauchen keine perfekten Vorbilder, aber sie brauchen eine Erzieherin, die um ihre Stärken weiß.

Fähigkeiten-Check-up

Ein Team setzt sich aus den verschiedensten Typen von Erzieherinnen zusammen. Da gibt es die Fachfrau für die musische Erziehung, da gibt es die bewegungsfreudige Kollegin, die ältere Mitarbeiterin, die sich ausgezeichnet darin versteht, Elterngespräche zu führen und jene, die mit ihrer Kreativität jede geplante Aktion zu einem besonderen Erlebnis werden lässt. Manchmal ist die Erzieherin sich ihrer eigenen Talente und Fähigkeiten nicht unbedingt bewusst, vielleicht hatte sie auch noch nie die Gelegenheit, ihr Können unter Beweis zu stellen. Die Übung „Fähigkeiten-Check-up“ kann sie darin unterstützen, sich ihre Fähigkeiten und Talente bewusst zu machen.

Fähigkeiten-Check-up

- Was sind meine Vorlieben und meine Hobbys?
- Welche Fähigkeiten und Fertigkeiten, welche besonderen, spezifischen Qualitäten habe ich?
- Was möchte ich gerne hinzulernen und einüben?
- Was sind meine versteckten Fähigkeiten?

Die letzte Frage eignet sich auch gut als Frage an alle Kolleginnen, denn Erzieherinnen haben vielfach sehr große verborgene, nicht zugelassene Talente, die es zu entdecken gilt. Hier spielt das Thema der Eigen- und Fremdwahrnehmung eine große Rolle und es kommt nicht allein der Erzieherin zu Gute, wenn ihr mehrere Teammitglieder in einer solchen Analyse offenbaren, dass sie z. B. ein ausgezeichnetes Talent besitzt, verdeckte Konflikte im Team mittels gezielter Fragen zu entlarven.

Wer sich auf den Fähigkeiten-Check-up einlässt, stellt seine Fähigkeiten, Talente, Begabungen und sein Wissen in den Mittelpunkt. Dies macht all die eigenen Besonderheiten bewusst. Die Erzieherin stärkt sich selbst, indem sie sich selbst und ihrer Einzigartigkeit Anerkennung schenkt; sie sagt Ja zu sich selbst. Mit der Anerkennung für sich selbst, wächst die Anerkennung für andere, mit der Selbstakzeptanz wächst die Akzeptanz für andere. Der Weg für mehr Selbstfürsorge und Selbstbeachtung ist eingeleitet.

Jede Erzieherin ist ein Original und es gibt sie nur einmal. Es ist der bunte Mix aus vielen Originalen, der ein Team lebendig macht. Die gemeinsame Präsentation aller Fähigkeiten und Fertigkeiten der Teammitglieder, die vielleicht bislang als selbstverständlich galten oder vielfach von den Beteiligten unterschätzt wurden, lässt die Wertschätzung für jeden Einzelnen wachsen.

▶ **TIPP** Ein Aushang im Teamraum mit allen möglichen Fortbildungsangeboten gibt nach einer Analyse der einzelnen Fähigkeiten und Talente der Teammitglieder einen zusätzlichen Ansporn zur Weiterentwicklung.

Werden die Fähigkeiten und Talente in einem Schaubild dargestellt, können alle von der Vielfalt profitieren. Der Reichtum an Kompetenzen wird sichtbar und dies stärkt das Team. Damit wächst auch das Gefühl für ein „Ja zu uns“.

3 Die Arbeitsbeziehungen verändern

Erzieherinnen leben in unterschiedlichen Arbeitsbeziehungen zu den anderen Erwachsenen in einer Kindertageseinrichtung. Die Qualität dieser Beziehungen beeinflusst ihre Arbeit und ihr Wohlbefinden. Es gilt, sich unterschiedliche Interessen und gegenseitige Abhängigkeiten bewusst zu machen. Erzieherinnen können sich selbst für ausgeglichenere und harmonischere Arbeitsbeziehungen engagieren. Sie selbst können kollegiales und kooperatives Verhalten zum Werkzeug ihrer Beziehungen machen.

Team

Ein Team setzt sich aus einer vielfältigen Mischung an talentierten Mitarbeiterinnen zusammen. Doch all ihre Fähigkeiten und Qualitäten sind noch keine Garantie dafür, dass sie sich in einer harmonischen Arbeitsbeziehung zusammenfinden, um gemeinsam den Berufsalltag zu gestalten.

Was können Erzieherinnen tun, damit Kollegialität ihren Platz hat? Jeder einzelne kann sich grundsätzlich im Kontakt mit Menschen Kompetenzen erwerben, die zu entspannten Arbeitsbeziehungen beitragen. Das eigene Grundverhalten rückt hier in das Blickfeld, denn die Qualität dieser zwischenmenschlichen Beziehungen beeinflusst die eigene Gesundheit und das Wohlbefinden. Das Beispiel „Teamsitzung" zeigt auf, wie eine andere Reaktion auf ein altbekanntes Verhalten einer Kollegin einen entspannteren Umgang miteinander ermöglicht. Der Hintergrund dieser „anderen" Reaktion ist die Methode, ein unerwünschtes Verhalten nicht mit Aufmerksamkeit zu verstärken.

Teamsitzung

Das Team reflektiert über die gestrige Elternveranstaltung. Erzieherin M. bedankt sich bei Kollegin K. für ihre Unterstützung bei den Vorbereitungen. Im weiteren Verlauf der Sitzung berichtet Erzieherin M. von der Idee, mit den Eltern gemeinsam einen Meditationsabend zu gestalten. Sie wirbt dafür um Unterstützung bei den Kolleginnen. Erzieherin K. ist skeptisch: „ Die Eltern kommen doch sowieso nicht, das haben wir doch schon einmal angeboten." Erzieherin M. weiß um die vielfach pessimistische Einschätzung der Kollegin und geht bewusst nicht auf ihre Aussage ein. Stattdessen fragt sie bei den anderen Kolleginnen nach, wer bereit wäre, sie an diesem Abend zu unterstützen. Es melden sich spontan zwei Kolleginnen. Erzieherin M. äußert zuversichtlich: "Es wird ein wundervoller Abend, das habe ich im Gefühl."

Erzieherin M. zollt der Hilfsbereitschaft ihrer Kollegin ihre Wertschätzung, während sie ihrem Pessimismus keine Beachtung schenkt. Erzieherin M. bestärkt die positiven Seiten ihrer Kollegin und entzieht ihr das Spielfeld für ihre altbekannte pessimistische Haltung.

Erzieherin M. steigt aus ihrem eigenen Kommunikationsstandard aus und wählt ein anderes Verhalten der Kollegin gegenüber als das ihr bisher vertraute. Sie reduziert ihre Kommunikation darauf, ihren Vorschlag bekannt zu geben. Dieses Verhalten ist konsequent, schließlich hat sich Erzieherin M. lange genug dem Pessimismus der Kollegin gebeugt. Die Erzieherin verlässt die Erklärungs- und Zurechtweisungsschiene und macht Platz für ihre eigene Haltung, schließlich hat sie sich für eine optimistische Lebens- und Arbeitshaltung entschieden und der will sie auch Raum geben. Sie könnte ihre Haltung auch durch die Äußerung „Ich bin ein Optimist" noch hervorheben. Diese kurze, prägnante Aussage, immer wieder angewandt, wenn sie dem Pessimismus der Kollegin begegnet, kann auch bei der Kollegin einen Bewusstseinsprozess in Gang setzten.

Niemand hat nur negative Seiten und genauso, wie die Erzieherin wert darauf legt, dass Kinder nicht von anderen abgestempelt werden, wird auch die Kollegin nicht abgestempelt. Ihren positiven Anteilen in der Arbeit und ihren liebenswerten Seiten gebührt die Aufmerksamkeit. Der Blick für das, was diese Kollegin an positiven, Fähigkeiten und Fertigkeiten in den Alltag mit einbringt, in diesem Fall ihre Hilfsbereitschaft, unterstützt einen entspannten Umgang miteinander.

▶ **TIPP** Wenn Erzieherinnen gegenseitig ihre Qualitäten beachten, sie anerkennen, schätzen und loben und den Unzulänglichkeiten wenig Beachtung schenken, dann entscheiden sie sich für Fairness und Kollegialität. Ein solches Verhalten ist sehr förderlich für eine positive Beziehungsqualität.

Seien die Arbeitbeziehungen auch noch so gut, es bleibt nicht aus, dass es in verschiedensten Situationen auch zu mehr oder weniger anstrengenden Auseinandersetzungen kommt, die belastend sein können. Konflikte sind keine Katastrophen und ein Team, das sich eingesteht, dass es ab und zu auch einmal anstrengend und schwierig sein kann und fair miteinander umgeht, hat die Chance, daran zu wachsen. Ein „Heile-Welt-Spiel" hingegen verhindert und blockiert die Weiterentwicklung eines Teams. Stolpersteine tauchen täglich im gemeinsamen Arbeiten auf. Da gibt es Missverständnisse, mangelnde Absprachen und unterschiedliche Weltansichten. Es gibt immer mal wieder eine Kollegin im Team, die sich offensichtlich als unprofessionell erweist oder vielleicht ein extrem unkollegiales Verhalten zeigt. Wird die Aufmerksamkeit auf all die wunderbaren zwischenmenschlichen Momente gelenkt, auf die pädagogische Vielfalt und die Freude über die Spontaneität der Kinder, dann verlieren angespannte Situationen und Umstände ihre Kraft.

Sympathie und Antipathie akzeptieren

Wenn es um die Qualität von zwischenmenschlichen Beziehungen geht, kommen häufig auch die Sympathie und die Antipathie ins Spiel. Antipathie wertet negativ und kann verschiedene Ausprägungen haben. Sie wird verschieden stark empfunden und ist für Außenstehende nicht unbedingt nachvollziehbar. Wie sehr dieses Gefühl die Arbeitsbeziehungen beeinflussen kann, zeigt das Beispiel „Kolleginnen".

Kolleginnen

Dass Gaby und Susanne „nicht miteinander können", wissen alle im Team. Gaby ist eine ungewöhnlich vielseitig talentierte Mitarbeiterin. Sie ist nicht nur künstlerisch sehr begabt, sie bildet sich auch ständig in den unterschiedlichsten Bereichen weiter. Sie ist nicht unbedingt sehr einsatzfreudig, wenn es um spontane personelle Umbesetzungen geht, gibt jedoch alles, wenn sie ihre Vorstellungen mit den Kindern verwirklichen kann.

Susanne ist sehr genau, wenn es um die Einhaltung von Regeln geht, sie hat klare und strukturierte Vorstellungen von ihrer pädagogischen Arbeit. Susanne ist nicht unbedingt flexibel und blockiert so manch neue Idee, die das Team verwirklichen möchte.

Beide Mitarbeiterinnen befinden sich seit Monaten in ständigen unterschwelligen Spannungen. Während Gaby sich z.B. über die ihrer Meinung nach dominante Zurechtweisung ihrer Kollegin ärgert, stört Susanne, dass diese sich nicht an bestimmte Vorgaben hält. In regelmäßigen Abständen kommt es zu Sticheleien, die dann auch an die anderen Teammitglieder weitergegeben werden, um sich die Zustimmung für das eigene Verhalten einzuholen. Mehrere Gespräche, auch mit der Leiterin, brachten keine Veränderung. Es blieb bei der Feststellung der gegenseitigen Antipathie.

Antipathie ist nichts Ungewöhnliches. Wird sie akzeptiert, verliert sie einen Teil ihrer Negativität. Jeder Kampf, jedes Verdrängen oder auch Unterdrücken von Antipathie führt zu Stress. Sympathie und Antipathie sind oftmals begründet in der Andersartigkeit der Beteiligten. Also geht es um Akzeptanz, um die Akzeptanz dafür, dass jemand anders ist als der andere, dass jemand nicht so ist, wie der andere ihn sich vorstellt.

Ein fairer Umgang im Miteinander erleichtert allen Beteiligten den Arbeitsalltag. Susanne und Gaby müssen nicht unbedingt in einer Gruppe zusammenarbeiten, sie müssen nicht unbedingt ein gemeinsames Projekt planen und sie müssen auch nicht so tun als ob sie sich mögen. Sie können zwar nicht gut miteinander auskommen, sie können aber nebeneinander arbeiten und dies reicht aus, schließlich gibt es genug andere Mitarbeiterinnen, die sich untereinander sympathisch sind. Trotz aller Anstrengungen, miteinander auszukommen und sich bestens zu verstehen, gibt es Grenzen, und ein dauernder Kampf gegen die Antipathie kostet Kraft und Energie. Doch ein menschlich fairer Umgang miteinander ist für alle Beteiligten möglich und kann von allen Teammitgliedern eingefordert werden. Klare Teamregeln können dabei unterstützen (→ Kap. 5.).

Kommunikationsstress reduzieren

Erzieherinnen befinden sich ständig in Gesprächen. Da gibt es die Mitarbeitergespräche, die Jahresgespräche, die Teamgespräche, die Elterngespräche, die Tür- und Angelgespräche, die Konfliktgespräche, die Lehrergespräche – und es gibt auch noch die Kinder, die eigentlich Mittelpunkt der Arbeit sein sollen. Dies empfindet so mancher als Kommunikationsstress. Doch die Vielzahl an Gesprächen ist kein unabänderliches Schicksal. Sie kann überdacht und auf das Notwendigste beschränkt werden.

Ausuferndes Reden stoppen

Teamgespräche sind mit die wichtigsten Gespräche in einer Kindertageseinrichtung. Doch auch sie sollen nicht zu einem Zuviel an Kommunikation führen. Hier ist es hilfreich, im Vorfeld die Tagesordnungspunkte festzulegen. Damit auch ein solches Gespräch den zeitlichen Rahmen nicht sprengt, äußern sich die Erzieherinnen zu den einzelnen Tagesordnungspunkten kurz, knapp und dennoch präzise. Ein Stopp-Schild unterstützt diese Kommunikationsregel.

▶ **TIPP** Ein Stopp-Schild sorgt dafür, dass in einem Teamgespräch das Wesentliche thematisiert wird und sich die Teilnehmerinnen konzentriert zu Wort melden. Es liegt auf dem Tisch im Besprechungsraum und wird bei Teamgesprächen eingesetzt. Jede Mitarbeiterin kann das Schild hochhalten, wenn sie das Gefühl hat, dass:

- Am Thema vorbeidiskutiert wird
- Ein Thema zerredet wird
- Die Aufmerksamkeit nachlässt.

Das Stopp-Schild vermeidet eine eventuelle Langatmigkeit von Gesprächen und damit aufkommende Ermüdungserscheinungen. Eine solche gewollte Unterbrechung kann ein Team auf unterschiedliche Weise gestalten: So können z. B. alle in dieser Pause drei Minuten lang tief ein- und ausatmen oder sich recken und strecken oder sie können für drei Minuten ihre Hände massieren.

Ein Stopp-Schild signalisiert eine ausufernde Diskussion

Nach einem Stopp kommt es eher zu einer kurzen und klaren Abstimmung bezogen auf das diskutierte Thema oder es gibt ein kurzes Fazit zu den bisher diskutierten Inhalten, ohne dass es unbedingt ein Ergebnis geben muss. Manchmal ist auch sinnvoll, ein Thema einfach einmal stehen zulassen und allen bisherigen unterschiedlichen Argumenten ihre Berechtigung zu geben. Anschließend kann das Team mit der Tagesordnung fortfahren.

Eine andere Idee ist es, einen Wecker oder eine Sanduhr mit in die Teamsitzung zu nehmen und jedem Tagesordnungspunkt drei Minuten Aufmerksamkeit zu schenken. Diese Methode ist ein hervorragendes und gleichzeitig spaßiges Training dafür, sich kurz zu fassen. Irgendwann wird die Sanduhr überflüssig, weil alle oder wenigstens die meisten ihren Redefluss eindämmen können.

Mehr handeln statt reden

Neben all den terminierten und oftmals wichtigen Gesprächen reden Erzieherinnen auch in ihrem übrigen Berufsalltag verhältnismäßig viel, fast ständig. Zuviel Reden kann ein Stressfaktor sein, ohne dass dies bewusst ist. Nacken- und Schulterschmerzen können beispielsweise darauf hindeuten. Nicht zuletzt trägt vieles Reden auch zur Ermüdung bei. Dies gilt nicht nur für die Arbeit mit Kindern, sondern auch für die hohe Anzahl an Redeanteilen unter den Teammitgliedern. Mehr handeln statt reden – dieser Leitsatz zeigt nicht nur in der Kindererziehung seine Wirkung, er entlastet und entmachtet auch so manche angespannte Situation im Team. Die Übung das „Gegenteilverfahren" ist eine gute Möglichkeit, Situationen nicht mit Worten zu lösen.

Das Gegenteilverfahren

- Im Personalraum herrscht Unordnung. Als Überraschung für alle werden die herumliegenden Sachen der Kolleginnen aufgeräumt. Dies ist eine bewusste Entscheidung für ein aktives Handeln.
- Die Kollegin in der Gruppe bastelt gerne mit den Kindern. Ein Wettrennen für die anderen Kinder wird initiiert. Dies ist eine bewusste Entscheidung für die eigene Bewegungsfreude.
- Im Gruppenraum ist es laut. Ein Pantomimenspiel mit den Kindern sorgt für mehr Ruhe. Dies ist eine bewusste Entscheidung für den eigenen Einfluss auf eine ruhige Atmosphäre.

Die Autorin Phyllis Bottome sieht ebenfalls in der bewussten Entscheidung für ein aktives Handeln eine Lösung für Schwierigkeiten: „Es gibt zwei Arten, Schwierigkeiten zu begegnen: du änderst die Schwierigkeiten, oder du änderst dich und begegnest ihnen nicht mehr."

Mit Gelassenheit reagieren

Worte und die dazugehörigen Reaktionen sind entscheidend dafür, welche und wie viel Bedeutung einer Situation zukommt.

Missverständnis
Nachdem Erzieherin K. mit den Kindern zu Mittag gegessen hat, holt sie den Nachtisch aus der Großküche, der für alle Gruppen im Kühlschrank steht. Sie beachtet dabei jedoch nicht, dass nur zwei, statt wie sonst üblich, drei Schüsseln vorbereitet sind. Als sich Erzieherin M. als letzte am Kühlschrank bedienen will, ist kein Pudding mehr da. Sie geht daraufhin zur Kollegin und fragt diese nach dem Pudding. Die Köchin wird befragt und es stellt sich heraus, dass sie nur noch die Zutaten für zwei Schüsseln vorrätig hatte und diese Information nicht weitergegeben hat. Erzieherin M. geht daraufhin in die beiden anderen Gruppen und füllt nach Absprache mit den dortigen Erzieherinnen jeweils einen Teil des Puddings für ihre Kinder ab.

Alle Kinder bekommen auf diese Weise an diesem Tag nur einen kleinen Nachtisch. Dies ist die Lösung für eine alltägliche Situation, der die Erzieherinnen mit Gelassenheit begegnet sind. Ein kleines Missverständnis kann zu einem riesigen Spektakel werden. Verständnis für das Missverständnis zu zeigen, ist eine Alternative. Die Entscheidung liegt bei jedem selbst.

Gespräche authentisch führen

In Kommunikationsseminaren oder Rhetorikschulungen haben Erzieherinnen ihre Sprachkompetenzen erweitert. Viele haben gelernt, wann sich welche Kommunikationstechnik anbietet und wie sie auf die eigene Gestik und Mimik achten können. Doch viele dieser einleuchtend klingenden Kommunikationstechniken sind im Alltag nicht immer umsetzbar oder sind schnell wieder vergessen, weil es zu wenige Trainingsmöglichkeiten gibt.

▶ **TIPP** Eine intelligente Gesprächsführung kann den Kommunikationsstress reduzieren. Sie zeichnet sich dadurch aus, dass die Erzieherin mehr fragt, als selbst zu sprechen, sich einfühlsam erkundigt, statt zu belehren und mehr zuhört, als selbst zu reden.

Erzieherinnen wissen aus Erfahrung, dass ihre Natürlichkeit und Echtheit in der Sprache das menschliche Miteinander gerade zwischen ihnen und den Eltern fördert. Die Gabe, sich intuitiv und fantasievoll auf ein Gespräch einzulassen, zeichnet so manche Erzieherin aus. Sie erzielt gute Gesprächsergebnisse, eben weil sie nicht nur sachlich argumentiert, sondern vor allem authentisch bleibt. Die eigene Spontaneität im sprachlichen Miteinander ist verantwortlich dafür, dass Gespräche nicht starr, steif und zu sachlich verlaufen. Zu viele Regeln können verunsichern, wenn die Konzentration darauf zu sehr die Aufmerksamkeit bindet.

Hilfreich und notwendig für jedes Gespräch bleibt der Rote Faden und das vorher formulierte Ziel bzw. Ergebnis, welches die Erzieherin durch ein Gespräch erreichen möchte. Sie muss dazu nicht die Vielfalt an Gesprächstechniken beherrschen, es sei denn, dies entspricht ihrem eigenen Anspruch an sich selbst. Auch der sparsame Einsatz von Fachbegriffen ist dem täglichen Miteinander zuträglich. So wird keine Distanz zu den Menschen geschaffen, mit denen eine Arbeitsbeziehung oder eine Erziehungspartnerschaft besteht.

Zuhören und investieren

Gespräche lassen sich auch ganz bewusst mit viel Aufmerksamkeit gestalten, gerade wenn es darum geht, eine angespannte Situation zweier Kolleginnen zu entschärfen, die sich in kontinuierlichen Konflikten oder

Spannungen miteinander bewegen. Die Übung „Zuhören und investieren" verzichtet hierbei ganz bewusst auf das Gespräch in der üblichen Form und auf das Ausdiskutieren von Schwierigkeiten. Es geht darum, die Sichtweise des anderen zu erkennen und gleichzeitig den eigenen Blickwinkel zu erweitern.

Zuhören und investieren eignet sich auch bei einfachen Missverständnissen, die sich noch nicht manifestiert haben. Die Methode kostet weniger Zeit und ist ergebnisorientierter als langwierige Erklärungen darüber auszutauschen, warum man dies und jenes aus diesen und anderen Gründen getan hat. Außerdem äußern die Beteiligten keine Ansprüche, Erwartungen oder Wünsche, dass der andere sich anders verhalten möge. Vielmehr gibt jeder etwas von sich – jeder investiert in eine bessere Zukunft und in ein entspanntes Miteinander.

Zuhören und Investieren

Beide Mitarbeiterinnen sitzen sich an einem Tisch gegenüber, schauen sich an und jede überlegt sich zwei bis drei Minuten lang, was sie ihrem Gegenüber mitteilen möchte. A. beginnt mit ihren Ausführungen. Sie tellt ihrer Kollegin B. offen und ehrlich mit, worüber sie sich ständig ärgert. Sie spricht dabei in der Ich-Form. B. hört aktiv zu. Sie äußert sich nicht dazu, gibt weder Erklärungen ab, noch rechtfertigt sie sich. Die Mitteilungen dauern nicht länger als fünf Minuten.

A.: „Ich fühle mich oftmals bevormundet, wenn wir beide miteinander zu tun haben. Ich ärgere mich dann, wenn du mir wieder mal sagst, dass man das auch anders machen kann, und dass das so auch pädagogischer ist. Ich fühle mich auch unwohl, wenn du dich in die kurzen Gespräche einmischt, die ich mit den Eltern führe. Ich mag das nicht und würde lieber gerne allein mit ihnen reden. Ich habe das Gefühl, dass du mich nicht ernst nimmst und ich merke, dass es mir manchmal in der Gruppe keinen Spaß macht, wenn du bei mir einspringen musst."

In einer ca. zweiminütigen Pause schauen sich beide Kolleginnen ganz bewusst nur an. Danach wechseln sie die Rolle und B. teilt sich der Kollegin A. offen und ehrlich mit. Sie antwortet jedoch nicht auf das Gesagte, sondern trägt ihre eigenen Gedanken vor.

B.: „Ich bin genervt, wenn du manchmal so langweilige Angebote machst, ich merke, dass mich das dann aufregt, und ich möchte dann auch gerne meine tollen Ideen mit den Kindern ausprobieren. Manchmal mag ich deine Strenge nicht, die du den Kindern entgegenbringst und außerdem spüre ich auch, dass du oft schlechte Laune hast, und dann denke ich auch, dass das bestimmt etwas mit mir zu tun hat."

Wieder folgt eine ca. zweiminütige Pause, in der sich beide Kolleginnen ganz bewusst nur ansehen. Jetzt geht es um die Investition. Was sind beide bereit zu investieren, um die Spannung zu lindern. Welchen der genannten Punkte, wollen sie jeweils ganz gezielt und diszipliniert vermeiden?

A.: „Ich werde ganz bewusst liebevoller mit den Kindern umgehen."
B.: „Du kannst ab sofort mit den Eltern alleine reden, ich mische mich nicht mehr ein." Dieses Ergebnis halten sie schriftlich fest und unterschreiben es. Einen Termin für die Überprüfung in etwa vier Wochen wird ebenfalls vereinbart.

Bei der Übung geht es nicht darum, sich plötzlich als einsichtige, verständnisvolle und sofort verwandlungsfähige Erzieherin zu präsentieren. Vielmehr geht es darum, eines der erwähnten Details, die den anderen verärgern, verunsichern oder nerven, anzugehen. Es ist ratsam, sich das kleinste mögliche Übel auszusuchen. Die Beteiligten bieten nur das an, was sie auch bereit sind zu geben und aus der eigenen Einsicht heraus auch verändern möchten. Wer also weiß, wie schwer es ihm fällt, sich in gemeinsamen Bastelaktionen zurückzunehmen, weil er seine Angebote für wesentlich attraktiver hält, der sollte nicht unbedingt das Angebot machen, sich hier zurückzunehmen.

Mehr Bewusstheit und Offenheit im Team schaffen

In Gesprächen unter Erzieherinnen geht es häufig um das Verhalten von Kindern und von Eltern. Sie tauschen sich über pädagogische Fragen aus, über anstehende Projekte oder über Konzeptionen. Seltener ist es der Fall, dass sie über sich selbst sprechen, dass sie ihre Ansichten, Erfahrungen und Gedanken vor dem gesamten Team offenbaren. Ein Mehr an Bewusstheit und Offenheit ist ein entscheidender Schritt in Richtung Teamentwicklung und sorgt für eine Verbesserung der Arbeitsbeziehungen.

Selbstcoaching für Teams mit dem KET-Spiel

Das Spiel KET (Kinder, Eltern, Team) ist für ein Selbstcoaching von Teams entwickelt worden. Es bietet eine Möglichkeit, sich ganz bewusst den Kolleginnen gegenüber mitzuteilen und öffentlich zu reflektieren. Offenheit und Authentizität eines jeden einzelnen Teammitgliedes sind gefragt, denn es werden eigene Befindlichkeiten, Wahrnehmungen, Erfahrungen und persönliche Reflektionen in den Mittelpunkt gestellt. Das Spiel ist eine hervorragende Möglichkeit, spielerisch eine sich verändernde, wachsende Teamkultur zu unterstützen. KET schafft Akzeptanz und Vertrauen.

Die Teammitglieder nehmen nicht nur sich selbst, sondern auch die Persönlichkeit des anderen bewusster wahr. Indem sie Dinge benennen und darüber sprechen, bauen sie Ängste ab. Sich mutig zu äußern will ebenso geübt sein wie anderen kommentarlos zuzuhören. Es gilt die Chance zu nutzen, neue Wege in der Auseinandersetzung mit sich selbst und den Teammitgliedern zu suchen. Und dies sorgt wiederum für mehr Spaß und Freude an der Arbeit.

Folgende Fragen werden durch KET spielerisch beantwortet:

- Wie offen gehen wir im Team miteinander um?
- Wie äußern wir Kritik der Kollegin gegenüber?
- Wie emphatisch sind wir?
- Wie nehmen wir uns selbst und die anderen wahr?
- Wie sicher oder unsicher fühlen wir uns?
- Wie ehrlich sind wir in unseren Aussagen anderen und uns selbst gegenüber?

Dieses Spiel ist leicht selbst herzustellen. Es sind für die Kategorien Kinder, Eltern und Team jeweils 30 Aufgabenkarten notwendig sowie je zwei Joker pro Kategorie (→ Tab. 3.1). Jede Kategorie hat eine andere Kartenfarbe. Außerdem sind einige unbeschriebene Karten nützlich, um das Spiel entsprechend der Situation vor Ort erweitern zu können. KET kann auch bei der Autorin als spielfertiges Produkt bezogen werden (→ Anhang).

Aufgaben für 30 KET-Spielkarten, Kategorie Kinder

- Was mögen die Kinder an Dir besonders?
- Welches Kind in Deiner Gruppe magst Du nicht so besonders, wie gehst Du damit um?
- Welches Kind in Deiner Gruppe bevorzugst Du manchmal? Wie gehst Du mit dieser Gewissheit um?
- Mit Kindern soll man möglichst häufig singen. Wie steht es mit Deiner eigenen Freude zur Musik?
- Kinder sollen sich möglichst jeden Tag bewegen, wie steht es mit Deiner eigenen Bewegungsfreude?
- Du bittest ein Kind etwas aus der Küche zu holen, das Kind sagt Nein. Wie reagierst Du?
- Du bist der Erwachsene. Wann hast Du das letzte Mal Deine Macht einem Kind gegenüber ausgespielt?
- Ein Kind redet ununterbrochen, will Dir „nonstop" etwas erzählen. Wie reagierst Du?
- Ein Kind sagt häufig die Unwahrheit. Was tust Du?
- Es gibt ein äußerst zurückhaltendes Kind in der Gruppe. Was löst sein Verhalten in Dir aus?
- Es gibt ein äußerst lebhaftes Kind in Gruppe. Was löst sein Verhalten in Dir aus?
- Bist Du manchmal ungerecht zu den Kindern?
- Was, denkst Du, mögen die Kinder gar nicht an Dir?
- Ein Kind streckt dir die Zunge heraus. Wie reagierst Du?
- Wann hast Du das letzte Mal mit einem Kind geschmust?
- Wann hast Du das letzte Mal mit einem Kind herzhaft gelacht und worüber?
- Hast Du Dich schon einmal bei einem Kind für Dein Verhalten entschuldigt, weil es nicht angemessen war? Erzähle …
- Gibt es einen Unterschied in Deinem Verhalten Mädchen oder Jungen gegenüber? Wenn ja, warum ist das so?

- In welchen Situationen zeigt sich Deine Ungeduld Kindern gegenüber?
- Immer wieder verschüttet ein Kind etwas beim Tee eingießen? Wie reagierst Du?
- Gelingt es Dir abzuwarten, ob ein Kind das Puzzle (Spiel, Bild etc) alleine fertig machen kann oder legst Du einige Teile hinzu?
- Zwei Kinder gackern und gibbeln miteinander vor Spaß und das, obwohl Du gerade in der Gruppe etwas Ernsthaftes sagen wolltest? Was machst Du?
- Wann hast Du das letzte Mal ein Kind laut ausgeschimpft? Kannst Du hier wiederholen, was Du gesagt hast?
- Hast Du Kindern gegenüber schon einmal gezeigt, dass Du traurig bist; kennen sie Deine Tränen?
- Was nervt Dich an einem Kind besonders? Was tust Du?
- Du warst berührt von den Worten eines Kindes. Welche waren es?
- Stell Dir vor, Du wärst fünf Jahre alt. Wie wünschst Du Dir Deine Erzieherin?
- Bist Du manchmal albern mit Kindern? Erzähle …
- Gibt es ein Kind, das Dir sehr ans Herz gewachsen ist? Erzähle …
- Ein Kind ist stets unsauber. Es sucht Deine Nähe. Kennst Du diese Situation? Erzähle …

2 Joker:
Suche Dir eine Kollegin aus der Runde. Sie wird dafür sorgen, dass Du einen Tag in der nächsten Woche verwöhnt wirst

Aufgaben für 30 KET-Spielkarten, Kategorie Eltern

- Was ist Dein Ziel in der Elternarbeit?
- Suche Dir eine Kollegin aus der Runde aus; teile ihr mit, wie Du sie im Kontakt mit Eltern wahrnimmst.
- Erinnerst Du Dich an ein Lob, das Du von Eltern bekommen hast? Erzähle …
- Was ärgert Dich bei Eltern ganz besonders?
- Was, glaubst Du, schätzen Eltern an Dir ganz besonders?
- Du fühlst Dich plötzlich im Elterngespräch unsicher. Kennst Du eine solche Situation? Erzähle …
- Eine Mutter geht zur Leiterin, um sich über Dich zu beschweren. Was machst Du mit dieser Information?
- Du hast einen Wunsch frei. Teile ihn einer Kollegin mit, sie wird ihn erfüllen.
- Eltern stellen Dir eine Frage, die Du nicht beantworten kannst. Was antwortest Du?
- Jeden Morgen möchte Dir die gleiche Mutter gerne noch vieles über sich und die Welt erzählen. Was tust Du?
- Viele Eltern loben Dich in den höchsten Tönen. Du hörst davon. Wie fühlt sich das an?

- Eine Mutter zieht ihrem 5-jährigen Sohn immer noch die Jacke aus. Was sagst Du?
- Wann hast Du das letzte Mal das Verhalten von Eltern kritisiert? Was waren Deine Worte?
- Hast Du einigen Eltern gegenüber Vorurteile? Beschreibe sie.
- Stell Dir vor, Du hast Zauberkräfte. Welche Fähigkeit bzw. Kompetenz wünscht Du Dir im Umgang mit Eltern?
- Eltern reden hinter Deinem Rücken bei anderen Eltern schlecht über Dich. Du erfährst davon. Was machst Du?
- Es gibt Tränen während des Elterngespräches. Kennst Du eine solche Situation? Wie hast Du sie erlebt?
- Wie geht Deine Kollegin zur rechten Seite mit Eltern um?
- Du bemerkst, dass Deine Kollegin bei einigen Eltern beliebter ist als Du? Was machst Du?
- Wie haben Dich Eltern einmal kritisiert? Wie ging es Dir damit?
- Wie sieht es mit Deiner Akzeptanz Eltern gegenüber aus?
- Sind Dir einzelne Eltern besonders unsympathisch? Erzähle warum …
- Magst Du bestimmte Eltern besonders? Erzähle warum …
- Hattest Du schon einmal Angst vor einem bevorstehenden Elterngespräch? Erzähle …
- Ein Vater holt zum 4. Mal das Kind nach Dienstschluss der Kita ab und Du musst warten. Wie sagst Du was?
- Was möchtest Du noch im Umgang mit Eltern lernen?
- Wie würdest Du Dich selbst im Umgang mit Eltern beschreiben?
- Gibt es eine Kollegin, der Du in Bezug auf das Thema Eltern ein Kompliment machen möchtest?
- Bist Du manchmal Eltern gegenüber belehrend? Erzähle …
- Kennst Du das Gefühl von Ungeduld, wenn Eltern nicht verstehen, was Du Ihnen mitteilen möchtest? Erzähle …

2 Joker:
Die Kollegin, die rechts neben Dir sitzt, wird Dich morgen überraschen

Aufgaben für 30 KET-Spielkarten, Kategorie Team

- Was, glaubst Du, mögen wir an Dir?
- Was, glaubst Du, mögen wir nicht so sehr an Dir?
- Suche Dir aus dieser Runde eine Mitarbeiterin aus, der Du etwas Positives sagst.
- Du hast Dich bisher nicht getraut. Was wolltest Du einer Kollegin gegenüber immer schon kritisch äußern?

- Welche Rolle hast Du im Team? Wie nimmst Du Dich selbst wahr?
- Jetzt kannst Du Dich bedanken bei allen Kolleginnen, zu denen Dir ein konkretes Dankeschön einfällt.
- Was magst Du an Deinem Beruf nicht?
- Was liebst Du besonders an Deinem Beruf?
- Sage offen, mit wem im Team Du Dich besonders gut fachlich austauschen kannst.
- Du warst schon einmal richtig ärgerlich/wütend auf eine Kollegin, erzähle davon.
- Du kommst aus dem Urlaub; in der Gruppe hat sich einiges dekorativ verändert. Wie reagierst Du?
- Hat Dich schon einmal etwas besonders berührt im Kontakt mit Deinen Kolleginnen?
- Wie fühlst Du Dich jetzt in diesem Moment? Antworte nicht mit gut oder schlecht.
- Eine Kollegin redet bei Dir schlecht über eine andere Kollegin. Hast Du schon einmal mitgemacht?
- Nenne spontan fünf Eigenschaften von einer Kollegin in Deiner Gruppe.
- Was ist Dein größter Traum?
- Du hast einen Wunsch an das Team frei. Welcher ist das?
- Schau Dir die Kollegin rechts neben Dir an und beschreibe ihre Persönlichkeit.
- Sage offen, mit wem im Team Du Dich gut über Persönliches austauschen kannst.
- Suche Dir drei Kolleginnen aus. Was bewunderst Du an Ihnen?
- Hast Du schon einmal Angst gehabt, Kritik zu äußern? Erzähle …
- Was möchtest Du im fachlichen und im persönlichen Bereich noch lernen?
- Was verstehst Du unter „liebevolles Grenzen setzen"?
- Bist Du ein Pessimist oder ein Optimist? Was möchtest Du sein?
- Du wirst kritisiert. Beschreibe, wie das für Dich ist?
- Was trägst Du zur positiven Stimmung im Team bei?
- Kannst Du über Dich selbst lachen?
- Was macht Dir Angst?
- Wo und in welchem Bereich benötigst Du noch Fortbildung?
- Was macht Deine Persönlichkeit aus?

2 Joker:
Du hast einen Wunsch frei. Richte ihn an eine Kollegin

Tab. 3.1: Aufgabenliste zum Selbstcoachingspiel KET

Wenn KET zum Einsatz kommen soll, müssen alle Teammitglieder mit dem Spiel und seinem Ablauf einverstanden sein. Jeder Mitspieler braucht die Bereitschaft zu einer gewissen Offenheit im Umgang miteinander ebenso wie zur Reflexion im Kontakt mit anderen.

Das KET-Spiel

Vorbereitung: Die Teamleiterin wählt gezielt die Karten aus, von denen sie meint, die Kolleginnen würden sie unproblematisch beantworten können. Dies ist von Team zu Team unterschiedlich und erfordert von der Leiterin ein hohes Maß an Sensibilität für die jeweilige Teamsituation. Einige Fragen werden erst nach und nach das Spiel ergänzen oder mit anderen Fragen ausgetauscht, um die Spannung des Spiels zu erhalten. Unbeschriebene Karten laden alle Mitspieler dazu ein, eigene Fragen zu finden, die der Betreffende gerne einmal offen beantwortet hätte.

Ablauf: Die drei Kartenstapel Kinder, Eltern, Team liegen in der Mitte des Tisches. Alle Teilnehmer haben ein Blatt und einen Stift vor sich. Nach der Reihe decken die Spieler jeweils eine Karte auf. Sie können selbst entscheiden, von welchem Stapel sie eine Karte ziehen. Es ist aber auch möglich, im Vorfeld eine verbindliche Reihenfolge festzulegen. Derjenige, der eine Karte gezogen hat, liest den Text vor und beantwortet dann die gestellte Frage/Aufgabe möglichst spontan, offen und ehrlich. Alle anderen Teilnehmer sind währenddessen aufmerksame Zuhörer. Niemand gibt einen Kommentar ab und nichts wird diskutiert. Wenn die Zuhörer das Gefühl hatten, dass die Kollegin die Frage offen und ehrlich beantwortet hat, tragen sie einen Strich auf ihr Blatt ein. Die Teilnehmerin kann die Beantwortung der Frage oder Aufgabe ablehnen. Diese Karte wird unter dem entsprechenden Kartenstapel abgelegt.

Die Auswertung findet immer für das gesamte Team statt. Alle Striche werden addiert. Die Anzahl der Striche lässt gemessen an der Anzahl der zur Verfügung stehenden Karten einen ersten Eindruck über die Gesamtwahrnehmung aller Teilnehmer bezüglich der Offenheit und Ehrlichkeit des Teams entstehen. Von einer hohen Strichzahl lässt sich ein offenes Miteinander ablesen.

Varianten: Alle ausgewählten Karten zu den drei Kategorien Eltern, Team, Kinder liegen gut gemischt auf einem Stapel. Es gelten die oben aufgestellten Regeln. Ist das Spiel schon gut bekannt, ist es auch möglich, dass die Mitspielerin, die eine Karte aufgedeckt hat, die Aufgabe an eine Kollegin zur Lösung weitergibt.

Talkrunde

Während beim KET-Spiel alle Kolleginnen zu Wort kommen, steht bei der nachfolgenden Idee nur eine Erzieherin im Mittelpunkt. Je mehr Mitarbeiterinnen in einem Team voneinander wissen und je besser sie sich untereinander kennen, umso mehr und umso besser können sie sich aufeinander einstellen. Die Empathie kann wachsen und die Missverständnisse im täglichen Miteinander reduzieren sich. Die Erzieherin, die einmal ganz im Mittelpunkt steht und der das Interesse aller Kolleginnen entgegengebracht wird, fühlt sich nicht zuletzt mit einer solchen Form der ungeteilten Aufmerksamkeit wertgeschätzt.

Talkrunde

Zu Beginn einer jeden Teamsitzung bietet sich eine ca. fünfminütige Erzieherinnen-Talkrunde an. Jede Erzieherin ist auf diese Weise irgendwann einmal an der Reihe, wenn es heißt: Wir interessieren uns für dich und fragen dich. Es bleibt der Erzieherin überlassen, welche Fragen sie beantworten mochte. Im Vorfeld überlegen sich alle Erzieherinnen Fragen, die sie der Kollegin stellen möchten, beispielsweise:

- Wie bist du aufgewachsen, hast du Geschwister?
- Wie gestaltest du einen Sonntag zu Hause?
- Was denkst du über Politik?
- Wen würdest du am liebsten einmal näher kennenlernen?
- Wünschst du dir Kinder?
- Was sind deine Hobbys?
- Wohin würdest du am liebsten reisen und warum?
- Welchen Traum hast du?
- Was bedeutet Freundschaft für dich?
- Was magst du nicht an anderen Menschen, was magst du besonders an ihnen?

Positive, wertschätzende und akzeptierende Beziehungen der Kolleginnen untereinander sind die Vorraussetzung dafür, dass auch die Arbeitsbeziehungen zu den Eltern von ebensolchen Werten geprägt werden.

Eltern

Es gibt sie immer noch, die Liste am Schwarzen Brett, in die sich die Eltern eintragen, wenn sie einen Kuchen für das anstehende Fest spenden wollen. Dies hat sich nicht verändert, aber ansonsten hat sich viel getan beim Thema Elternarbeit. Allein der Begriff impliziert, dass der Umgang mit den Eltern Arbeit bedeutet – und Arbeit, das kann auch Anstrengung heißen. Erzieherinnen haben im Laufe mehrerer Berufsjahre hunderte von Eltern kennen und schätzen gelernt. Doch eine Erkenntnis sprechen die meisten von ihnen aus: Der Umgang mit manchen Eltern kann komplizierter und anstrengender sein als mit so manchem verhaltensauffälligen Kind. Einige Beispiele aus der Praxis zeigen auf, wie wichtig eine klare und konsequente Haltung der Erzieherinnen bzw. des Teams ist, um entspannte Arbeitsbeziehungen zu den Eltern zu pflegen.

Für kranke Kinder in der Kita eine Lösung finden

Kranke Kinder in der Kindertageseinrichtung ist ein heikles Thema, bei dem die unterschiedlichen Interessen und Bedürfnisse schnell zu Tage treten. Kinder dürfen heute nicht mehr krank sein. Tabletten, Säfte und auch Antibiotika sollen für schnelles Gesundwerden sorgen. Hinzu kommt die Berufstätigkeit der Eltern und insbesondere der Alleinerziehenden, die aus Angst vor einem Arbeitsplatzverlust nicht weitere zehn Tage fehlen möchten, nur weil ihr Kind zu Hause genesen soll.

Welche Rolle spielen hier die Erzieherinnen? Haben Sie Verständnis dafür, wenn die Mutter ihr kränkelndes Kind in der Kita abliefert, weil sie ihrer Arbeit nachgehen möchte oder muss, oder stellen sie sich auf die Seite des Kindes, das sie auf dem Schoß halten, um die Stunden bis zur Abholzeit mit besonderer Zuwendung zu überbrücken? Gesundheitsförderung in Kindertageseinrichtungen ist in aller Munde und so braucht auch der Umgang mit dem Kranksein Klarheit und Eindeutigkeit.

Johanna ist krank

Frau Maier bringt morgens ihre Tochter in die Einrichtung und teilt der Erzieherin mit: „Johanna hat heute Nacht ein bisschen gefiebert, aber sie wollte unbedingt in den Kindergarten". Die Erzieherin antwortet: „Wenn es Johanna nicht gut gehen sollte, werde ich sie anrufen." Während des Vormittages bekommt Johanna erneut Fieber. Die Erzieherin legt sie auf das Sofa und teilt der Mutter telefonisch mit, sie möchte Johanna doch abholen. Johannas Mutter wiederum benötigt noch eine Stunde Zeit, da sie gerade allein auf ihrer Dienststelle ist und warten muss, bis die Kollegin wieder da ist. Johanna wird währenddessen von der Erzieherin betreut. Sie weint, verweist immer wieder auf Ohrenschmerzen und äußert den Wunsch, dass „Mama kommen soll". Gegen 11 Uhr erscheint die Mutter in der Kita: „Ach, Johanna, hast du doch wieder Fieber bekommen, siehst du, und du wolltest unbedingt in den Kindergarten." Die Erzieherin berichtet der Mutter von den Ohrenschmerzen ihrer Tochter und äußert bei der Verabschiedung die Notwendigkeit, dass Johanna zunächst einmal zu Hause bleiben solle, bis sie wieder gesund sei.

Nach zwei Tagen ist Johanna wieder da. Nach Aussagen der Mutter hatte sie eine Ohrenentzündung, aber jetzt gehe es ihr schon wieder besser. Johanna hat vom Arzt ein Medikament verschrieben bekommen, das sie zehn Tage lang einnehmen soll. Die Mutter bittet die Erzieherin darum, Johanna das Medikament zweimal am Tag zu verabreichen, einmal um 10.00 Uhr und dann um 13.00 Uhr. Die Erzieherin stellt die Ohrentropfen auf ein Regal zur Salbe für Sophie, den Zäpfchen für Tom und dem Hustensirup für Lukas.

Das Beispiel „Johanna ist krank" ist eines von vielen im Alltag einer Kindertageseinrichtung – heute sind es die Kinder, die trotz einer Durchfallerkrankung die Einrichtung besuchen und morgen geht es um den Befall mit Kopfläusen.

Durchfallerkrankungen oder fiebrige Erkältungen zählen zu den Infektionskrankheiten und so bleibt es gerade in einer Tageseinrichtung meist nicht aus, dass andere Kinder ebenfalls daran erkranken. Auch beim Thema Kopfläusen nutzen die Hygienemaßnahmen in der Kindertageseinrichtung allein häufig wenig – die Läuse verbreiten sich doch. Nicht selten sind es dieselben Kinder, die gleich zweimal hintereinander befallen werden. Die genannten Beispiele stehen stellvertretend für viele Situationen, die Erzieherinnen seit Jahren kennen. Die Problemlage skizzieren folgende Punkte:

- Das Kind wird krank oder mit einem Unwohlsein in die Einrichtung gebracht.
- Eltern übertragen dem Kind die Verantwortung für die Entscheidung – „siehst du, und du wolltest unbedingt in die Kita ...".
- Kranke Kinder haben in einer Gruppe von 25 Kindern nicht die nötige Ruhe; insbesondere die nötige Zuwendung und Fürsorge kann eine Erzieherin in der Alltagssituation meist nicht gewährleisten.
- Die Berufstätigkeit der Eltern lässt eine flexible Betreuung des kranken Kindes nur selten zu. Sie haben nur eine begrenzte Anzahl von „Kinderkrankenscheinen" zur Verfügung.
- Kranke Kinder werden viel zu früh wieder in die Kita gebracht und erleiden einen Rückfall.
- Die Erzieherin übernimmt die Verabreichung von Medikamenten wie Hustensirup, Salben und Ohrentropfen bis hin zu Antibiotika.
- Die Erzieherin fühlt sich oftmals überfordert, da sie nicht gleichzeitig einem kranken Kind und den anderen spielenden Kindern gerecht werden kann.
- Andere Eltern beschweren sich darüber, dass ein Kind mit einer ansteckenden Erkrankung, z. B. mit einer starken Erkältung, die Kita besucht, weil sie sich um das eigene Kind sorgen.

Die Liste zeigt die Vielschichtigkeit des Themas auf und entsprechend unterschiedlich ist auch der Umgang mit kranken Kindern in den einzelnen Kindertageseinrichtungen. Eine klare gemeinsame Haltung im Team und ein entsprechender Maßnahmenkatalog beenden Unsicherheiten und schaffen auch für die Eltern Transparenz.

Gesetzliche Richtlinien thematisieren

Die Kenntnis der gesetzlichen Richtlinien gibt dem Team eine Ausgangsbasis für weitere Überlegungen und Maßnahmen und dient auch der Aufklärung der Eltern. So enthält z. B. das Infektionsschutzgesetz (IfSG) Belehrungen für Eltern und sonstige Sorgeberechtigte, wie sie mit ansteckenden Krankheiten umzugehen haben. Diese Belehrungen sind in verschiedenen Sprachen erhältlich. Zum Thema Kopflausbefall halten auch alle Gesundheitsämter Broschüren bereit.

Doch Broschüren und Belehrungen reichen allein nicht immer aus. Das Robert Koch Institut beispielsweise empfiehlt bei Kopfläusen eine Wiederzulassung in die Einrichtung direkt nach der Erstbehandlung mit einem Arzneimittel. Diese Empfehlung ist jedoch nur dann richtig, wenn die betroffenen Familien auch die mit einer Behandlung verbundene Reinigung bestimmter Materialien im Haushalt vorschriftsmäßig durchführen. Und da dies nicht immer gewährleistet ist, tun Erzieherinnen gut daran, gemeinsam im Team eine konsequente Vorgehensweise im „Läusefall" zu vereinbaren. Wenn sie das aufwändige Waschen und Reinigen der unzähligen Materialien und das Auslagern von Kuscheltieren in Plastikbeuteln nicht nach zwei Wochen wiederholen wollen, weil wieder ein neuer Fall aufgetreten ist, sollten sie in anderer Form aktiv werden.

▶ **TIPP** Um eine weitere Ausbreitung von Kopfläusen zu verhindern, ist eine schriftliche Einverständniserklärung der Eltern hilfreich, die die Erzieherin berechtigt, die Kopfhaut der Kinder z. B. mittels eines Läusekammes zu untersuchen.

Durch eine unterstützende Kontrolle durch die Erzieherin werden zudem auch die Eltern sensibler dafür, sich um eine gründlichere Kontrolle und die nachfolgenden Behandlungen bei ihrem Kind zu bemühen, schließlich möchten auch sie die unangenehmen und umständlichen Begleitmaßnahmen nach Möglichkeit vermeiden. Eine gründliche „Kopflaussuchaktion" in der Gruppe kann gleichzeitig die Kinder schon früh über diese Plagetierchen aufklären.

Eine klare Haltung entwickeln

Zur eigenen Klärung und für einen transparenten Umgang mit dem Thema „kranke Kinder“ entwickeln die Mitarbeiter des Teams eine klare gemeinsame Haltung. Die folgenden Kriterien unterstützen den Klärungsprozess.

Wann ist ein Kind krank?

Hier gilt es abzuwägen, dass z. B. eine kleine Erkältung nicht vergleichbar ist mit Hustenanfällen, die das Kind derart belasten, dass es sich unwohl fühlt. Während die eine Erzieherin eher eine großzügige Haltung gegenüber dem Unwohlsein des Kindes einnimmt und immer auch die berufstätige Mutter vor sich sieht, mit der sie sich vielleicht nicht unbedingt auseinandersetzen möchte, ist die andere Erzieherin übervorsichtig, wenn es um das Kranksein geht. Eine kritische Reflexion über die eigene Haltung zum Thema Krankheit/Gesundheit ist Voraussetzung dafür, eine möglichst übereinstimmende Teamhaltung zu finden.

> ▶ **TIPP** Eine klare Absprache darüber, grundsätzlich im Krankheitsfall ein oder zwei Kolleginnen zu Rate zu ziehen, ob die Eltern benachrichtigt werden oder nicht, ist sehr entlastend und gibt Sicherheit. In nicht eindeutigen Fällen entscheidet die Leiterin über die Konsequenz.

Werden Medikamente ausgegeben?

Es ist strittig, ob ein Kind, das Antibiotika einnehmen muss, schon wieder gesund ist. Selbst Kinderärzte vertreten in dieser Frage unterschiedliche Positionen. Erzieherinnen beobachten bei Kindern, die auf Grund einer Infektion medikamentös versorgt werden müssen, dass diese meist nur eingeschränkt am Kita-Alltag teilhaben. Sie sind oft schläfrig und suchen die Nähe der Erzieherin. Doch beim Einsatz von Antibiotika ist nur eine konsequente Einnahme sinnvoll. Es gilt also beim Thema Medikamente eine eindeutige Haltung zu finden.

> ▶ **TIPP** Es gibt keine Verpflichtung seitens einer Kindertageseinrichtung, Medikamente zu verabreichen. Wenn sich ein Team jedoch dazu entschließt, so braucht es immer eine schriftliche Vereinbarung zwischen den Eltern und der Einrichtung.

Was Hustensäfte, Antibiotika oder fiebersenkende Zäpfchen anbelangt, so haben sich viele Kindertageseinrichtungen grundsätzlich gegen ihre Verabreichung entschieden. Kinder, die so krank sind, dass sie solche Medikamente brauchen, sind von der Gruppensituation überfordert und gehören nicht in die Einrichtung. Überdies könnten Medikamente leicht in die „falschen Hände" gelangen. Bei Erkältungswellen wäre die Zahl der kranken Kinder mit entsprechender Medikation nicht verantwortlich zu handhaben. Der Kita-Alltag lässt nicht auch noch Zeit dafür, diverse Zeitpunkte und Dosierungen verschiedener Medikamente im Blick zu behalten.

Wenn Kinder z.B. zur Nachsorge Medikamente über einen längeren Zeitraum einnehmen müssen, so können die Eltern mit dem Arzt eine Verordnung absprechen, die es ihnen erlaubt, morgens und abends selbst die entsprechenden Medikamente zu verabreichen. Die Vergabe von Medikamenten bei chronisch kranken Kindern oder Allergikern verlangt einen anderen Denkansatz.

Wie mit chronischen Krankheiten umgehen?

5–10% aller Kinder haben heute eine Allergie oder Asthma, sind zuckerkrank oder von Hautproblemen betroffen. Dass chronisch kranke Kinder eine Berechtigung haben, Kindertageseinrichtungen zu besuchen, steht nicht zur Debatte. Doch wie steht es mit der Verantwortung? Eine chronische Krankheit muss beim Aufnahmegespräch auf jeden Fall dokumentiert werden. Eine genaue Beschreibung der Krankheit mit allen Beeinträchtigungen, die diese für das Kind mit sich bringt, ist Voraussetzung dafür, dass Erzieherinnen einfühlsam und taktvoll mit dem Kind und seinem evtl. abweichenden Verhalten umgehen können.

Schriftliche Vereinbarungen mit den Eltern und klare Regeln z. B. über den Zeitpunkt der Medikamentengabe, die Aufbewahrung der Medikamente, den Einsatz der Notfallmedikamente oder darüber, welche Erzieherin das Medikament verabreicht, sind unabdingbar. Erzieherinnen fordern am besten eine schriftliche Medikations- oder Dosierungsanleitung des Arztes ein.

Neben all diesen Maßnahmen steht die Integration der Kinder im Blickpunkt. Dies bedeutet, so normal wie möglich mit ihnen umzugehen und doch auch von den anderen Kindern Rücksichtnahme einzufordern. Die Erklärung darüber, warum ein allergiekrankes Kind kein Obst essen darf, gibt nicht nur dem Kind selbst Rückhalt von Seiten der Erzieherin, das Verständnis für diese besondere Situation im Leben kann bei allen Beteiligten wachsen.

Mit dem Elternrat kooperieren

Das Team stellt das Thema „kranke Kinder in der Kita" im Elternrat vor und entwickelt gemeinsam mit diesem ein Positionspapier für alle Eltern. Es lohnt sich, die Eltern im Elternrat von der im Team entwickelten Haltung zu überzeugen, denn ein solches Positionspapier dient nicht nur zur Information der Elternschaft, sondern gleichzeitig zur Absicherung für alle Mitarbeiter des Teams.

> ▶ **TIPP** Gemeinsam mit dem Elternrat gesammelte Betreuungsalternativen für kranke Kinder entschärfen Notsituationen und vermitteln den Eltern, dass auch ihre Anliegen gesehen werden. Dies kann z. B. eine Adressliste mit Eltern- oder Großeltern sein, die sich bereiterklärt haben, ein krankes Kind im Notfall zu betreuen.

Ein Schreiben, das die Haltung des Teams und des Elternrates zum Ausdruck bringt, sollte folgende Punkte enthalten:

- Eine Erklärung, wann ein Kind als krank gilt und damit nicht zum Besuch der Einrichtung berechtigt ist.

- Eine Erklärung, unter welchen Umständen und wie die Erzieherinnen eine Entscheidung treffen, wenn ein Kind bei einer spontanen Erkrankung wieder abgeholt werden muss.
- Der Umgang mit chronischen Erkrankung sowie der Hinweis auf die notwendigen schriftlichen Vereinbarungen.
- Das Merkblatt des Kreisgesundheitsamtes zum Umgang mit ansteckenden Krankheiten.
- Der Hinweis, dass außer bei chronischen Erkrankungen grundsätzlich keine Medikamente verabreicht werden.
- Die Verpflichtung der Eltern, Erkrankungen ihres Kindes telefonisch mitzuteilen.
- Der Hinweis, dass das Team an der Infowand über ansteckende Krankheiten im Kindergarten informiert.
- Eine Adressliste für die Notfallbetreuung mit der Bitte, sich selbst auf dieser Liste einzutragen.

Ein solches Positionspapier unterstützt die Erzieherin in Situationen, in denen Eltern aufgeregt, aggressiv oder uneinsichtig reagieren, wenn sie ihr Kind morgens wieder mit nach Hause nehmen bzw. wieder abholen sollen. Die Erzieherin kann sich darauf beziehen und so leichter eine angstfreie, sichere und konsequente Haltung einnehmen. Sie zeigt Respekt und Verständnis mit Worten wie „Ich weiß um ihre berufliche Situation, aber ihr Kind ist krank und sie müssen es wieder mitnehmen bzw. sofort abholen." Doch die Berufstätigkeit von Eltern ist keine Legitimation dafür, dass das Kind krank in der Kita bleiben darf. Eltern sind und bleiben die Erziehungsberechtigten und damit verantwortlich für ihr Kind. Eltern können bereits im Vorfeld für solche Situationen Lösungen finden. (Erstveröffentlichung des obigen Kapitels in: klein&groß, Ausgabe 9/2007, Seite 40–43. © 2008 Oldenbourg Schulbuchverlag GmbH München.)

Überflüssigen Ärger entschärfen

Einen Anlass, sich zu ärgern und Lösungen zu finden, bietet nicht nur das Thema der kranken Kinder in der Kindertageseinrichtung. Denn neben den vielen freundlichen, hilfsbereiten und unterstützenden Eltern, die für ein ausgleichendes Klima sorgen und der Arbeit der Erzieherinnen Anerkennung zollen, gibt es viele Situationen, in denen Eltern die Erzieherinnen geradezu herausfordern, sich endlich etwas gegen den eigenen Ärger einfallen zu lassen.

Frau Müller und Co.

Frau Müllers Tochter Kira besucht seit drei Jahren die Kindertageseinrichtung. Kira ist ein selbstbewusstes, lebenslustiges und sehr neugieriges Mädchen, das im nächsten Jahr zur Schule kommt. Frau Müller hat im Laufe der drei Jahre eine kaum mehr nachvollziehbare Anzahl an Einzelgesprächen mit der Erzieherin geführt. Immer wieder gab es etwas zu beanstanden: mal waren es die neuen Schuhe, mit denen ihre Tochter im Dreck gespielt hat, mal war es das Butterbrot, das die Tochter nicht ganz aufgegessen hat, mal war es der Streit mit dem schlimmen Ben, der ja sowieso ganz viel schlagen soll, mal war es der Finger, den Kira sich beim Klettern eingeklemmt hatte, mal war es die Tatsache, dass Kira nicht am Waldausflug teilnehmen sollte, ein anderes mal war die Kollegin viel zu streng mit Kira, schließlich hatte sie doch nur den Frühstücksplatz nicht abgeräumt. Ganz besonders aber ärgert sich Frau Müller darüber, dass in anderen Einrichtungen viel mehr „läuft"; da gibt es immer einen Flohmarkt und außerdem bieten die jetzt auch Englisch an.

Frau Müller wird es immer geben. Ihr Beispiel steht stellvertretend für all die kleinen und größeren Klagelieder von Eltern an die Erzieherinnen. Doch woher kommt diese Art von Stress mit Eltern? Es kann nicht nur an Frau Müller und Co. liegen, es muss noch andere Gründe geben, warum Erzieherinnen und Eltern immer wieder Auseinandersetzungen führen, die nicht unbedingt konstruktiv sind. Die Erzieherin hat hier eine Chance, etwas zu verändern und überflüssigen Ärger zu entschärfen.

Vorwürfen kreativ begegnen

Wenn es um den Umgang mit vorwurfvollen Eltern geht, sei noch einmal an die Möglichkeit erinnert, die Regie zu übernehmen sowie Gewohnheiten zu durchschauen und zu durchbrechen. Erwähnt sei noch einmal das Gelassenheitsprogramm und die Idee, nicht den anderen, also Frau Müller; verändern zu wollen, sondern das eigene Verhalten zu überdenken. Frau Müller wird sich immer wieder bei der Erzieherin beklagen. Sie wird nicht damit aufhören, die Kompetenz der Erzieherin und ihr sonstiges Verhalten ständig in Frage zu stellen.

Gelassenheit bei Vorwürfen

Frau Müller möchte unbedingt dass ihre Tochter schnellstmöglich trocken wird. Die Erzieherin konnte sie bisher nicht davon überzeugen, noch bis zum Sommer damit zu warten und Kira nicht so sehr mit der Sauberkeitserziehung zu bedrängen. Die Mutter teilt der Erzieherin mit, dass sie Kira immer mal wieder an den Toilettengang erinnern soll. Doch, obwohl Kira mehrfach zur Toilette begleitet wird, passiert es dennoch manchmal, dass sie meist tief in ihr Spiel vertieft einnässt. Frau Müller wird ärgerlich, als dies an einem Mittag wieder der Fall ist und die Erzieherin ihr die Wäsche von Kira übergibt. Sie beschwert sich mit den Worten, dass man ja wohl ihr Kind erinnern könnte, zur Toilette zu gehen. Erzieherin K. entgegnet ihr in ruhigem Ton: „Das kann schon einmal passieren, wenn Kira ins Spiel vertieft ist; trocken werden, das dauert seine Zeit.“ Die Erzieherin berichtet ihrer Gruppenkollegin von dem Vorfall und diese entgegnet ihr daraufhin: „Ja, so ist unsere Frau Müller, wir werden sie nicht ändern können. Morgen achte ich besonders darauf, Kira an einen Toilettengang zu erinnern.“

Gelassen und souverän begegnen diese beiden Erzieherinnen den Vorwürfen der Mutter. Sie reichen die Klage der Mutter nicht weiter, indem sie sich im Kolleginnenkreis negativ über die Mutter äußern, denn ein Weiterklagen hilft nicht weiter. Erzieherinnen möchten mit Eltern keinen Krieg führen, sondern einen möglichst angenehmen Umgang im Miteinander pflegen. Dies bedeutet nicht, dass die Erzieherin das Elternverhalten so einfach hinnehmen muss, weil in diesem Dienstleistungssystem der Kunde König ist. Der Psychologe Marshall Rosenberg sagt ganz klar, „dass eine Entscheidung wichtig ist. Die Entscheidung, ob es uns wichtiger ist, Recht zu haben oder aber glücklich sein zu wollen."

Fantasie einsetzen

Mehr Frieden im Alltag und das Aussteigen aus der Ärgerspirale sind nötig. Wenn die Erzieherin ihren Kita-Alltag ein wenig entspannter und friedlicher erleben und gestalten möchte, kann sie dazu beitragen, indem sie ihre Fantasie einmal aufleben lässt und ein wenig mit ihren Talenten experimentiert. Die folgenden Punkte skizzieren einige mögliche Reaktionen und Umgangsweisen:

- **Dem Ärger ein Schnippchen schlagen** – „Frau Müller, ich möchte mich jetzt gar nicht mit Ihnen aufregen, ich möchte mich jetzt mit Ihnen darüber freuen, dass Kira es zum ersten Mal geschafft hat, ganz allein die Äpfel für das Müsli zu schneiden."
- **Bereits vor dem Ärger positiv agieren** – „Frau Müller, ich muss Ihnen unbedingt erzählen, was ihre Tochter heute zum ersten Mal geschafft hat."
- **Mit Zustimmung entwaffnen** – einfach nur erzählen lassen, zuhören und dem zustimmen, was der/die andere sagt: „Ich kann Sie da gut verstehen ..."
- **Zu guter Laune einladen** – „Frau Müller, ich würde so gern einmal mit Ihnen herzhaft lachen, als dass wir immer so ernst miteinander sind."
- **Auf die eigenen Kinder anspielen** – „Frau Müller, wissen Sie was meiner Tochter in der Kita einmal passiert ist?"
- **Herausfordern und den Ärger kleiner werden lassen** – „Frau Müller, können Sie sich vorstellen, warum ich so reagiert habe?" Frau Müllers eventuelles Verständnis wird geweckt.
- **Mit einer Frage verwirren** – die aufgeregte Stimmung der Mutter zunächst einmal unterbrechen: „Frau Müller, ich möchte Sie zunächst auf einen Kaffee einladen oder trinken Sie lieber Tee?"
- **Ein klares „So nicht" aussprechen** – „Es tut mir leid Frau Müller, ich werde in diesem Tonfall nicht mit mir reden lassen, kommen Sie doch morgen wieder."

Diese Vorschläge sind nicht dazu da, die Anliegen und kritischen Äußerungen von Eltern leichtfertig abzutun und nicht ernst zu nehmen, auch die Anliegen von Frau Müller und Co. nicht. Sie tragen jedoch dazu bei, überflüssigen Ärger zu entschärfen, ihm eine andere, gelassenere Note zukommen zu lassen, und erweitern damit den Handlungsspielraum bei Erzieherinnen und Eltern.

Eine Erziehungspartnerschaft aufbauen

Eine weitere, grundsätzliche Frage, mit der sich Erzieherinnen auseinandersetzen müssen, ist die Frage nach der Verantwortung für die Erziehung der Kinder. Sie werden häufig von Eltern für Entwicklungsverzögerungen oder Verhaltensauffälligkeiten verantwortlich gemacht und ernten Vorwürfe, wenn Kinder zu unselbstständig, zu unkonzentriert, zu aggressiv, zu unsicher, zu kontaktarm oder zu wild sind.

Dass Erzieherinnen eine große Verantwortung für die Erziehung und Bildung von Kindern tragen, ist keine Frage. Doch wenn Erziehung und Bildung nicht eingleisig verlaufen sollen, müssen sie auch nach der Verantwortung der Eltern fragen. Erzieherinnen können und wollen nicht alle Bedarfe abdecken. Sie brauchen die Eltern als Erziehungspartner, damit ihr eigener Einsatz nicht ins Leere läuft. Um mit einer Erziehungspartnerschaft ein wirkliches Zusammenwirken von Eltern und Erzieherinnen im Kita-Alltag zu erreichen, können Erzieherinnen an der Beziehungsebene ansetzen. So erreichen sie, dass Klagen und Vorwürfe von Eltern allmählich abgebaut werden.

Partnerschaftlichen Kontakt herstellen

Erzieherinnen haben Eltern jahrelang in Erziehungsfragen beraten und unterstützt. In ihrer Rolle als Beraterin, kann die Erzieherin jedoch leicht in die Position der Stärkeren und Kompetenteren geraten. Es gilt, die eigene Fachkompetenz so geschickt einzusetzen, dass Eltern sich nicht unterlegen oder belehrt fühlen. Vertrauen und Authentizität sind die Voraussetzung dafür, dass Eltern und Erzieherinnen eine entspannte und angstfreie Beziehung gestalten und leben können.

Eltern haben Erziehungsvorrang nach Art. 6 Abs. 2 des GG. Dass diese Verantwortung der Eltern nicht nur ein Auszug im Gesetzbuch bleibt, darauf kann die Erzieherin ganz gezielt mit Hilfe von Fragen im ersten Kontakt mit den Eltern aufmerksam machen. In einem Interview kann sie den Eltern eine Erziehungspartnerschaft anbieten. Dazu gehört zum einen, dass die Erzieherin die Eltern ausführlich über die Arbeit der Kindertageseinrichtung informiert und die Konzeption vorstellt, zum anderen, dass sie ihr Interesse für die Familie und die Erziehung des Kindes zeigt.

▶ **TIPP** Eine Kurzfassung der Einrichtungskonzeption in Form eines Flyers zum Mitnehmen schafft Transparenz und unterstreicht beim ersten Kontakt zwischen Erzieherin und Eltern die Bedeutung dieser Informationen.

Für den Aufbau einer Erziehungspartnerschaft ist es wichtig, dass die Eltern erfahren, wie der Tagesablauf gestaltet wird, wie und in welcher Form die Kinder gefördert werden und warum es ganz bestimmte Ziele gibt, die die Erzieherinnen erreichen möchten. Auch bestimmte Regeln werden angesprochen, z.B. gesundes Frühstück mitzubringen, Wechselwäsche immer am Garderobenhaken griffbereit zu halten oder bei Krankheit das Kind telefonisch zu entschuldigen.

Die Erzieherin zeigt ihr Interesse für die Familie und die Erziehung des Kindes, indem sie sich beispielsweise erkundigt nach:

- Dem Kinderarzt, der konsultiert wird
- Bestimmten Krankheiten, die das Kind bereits durchlebt hat
- Geschwisterkindern
- Einer möglichen Erziehungshaltung oder Einstellung, die den Eltern wichtig ist
- Möglichen Erziehungszielen, die die Eltern verfolgen.

Das Interesse daran, wie Kinder zu Hause leben, wie sie aufwachsen oder welche Werte sie erfahren, ist ein Gewinn für die angestrebte Wiederbelebung der Elternverantwortung. Eltern, denen die Erzieherin mit Interesse und Respekt begegnet für das, was sie selbst leben und denen sie das Gefühl von Gleichwertigkeit und Gleichberechtigung entgegen bringt, werden erkennen, dass auch ihre Erziehung, ihre Rolle als Vater oder Mutter ernst genommen wird, dass sie uneingeschränkt wichtig sind. Es könnte auch sein, dass so manche Eltern durch ein solches Interesse auf die Bedeutsamkeit von Erziehungsbewusstheit aufmerksam werden, vielleicht ist die Erzieherin sogar die Erste, die sich ganz konkret für die Familie interessiert.

Eltern Wertschätzung entgegenbringen

In einem Erstinterview geht es nicht um eine Bewertung der Elternerziehung. Vielmehr ist es wichtig, dass die Eltern Wertschätzung und Akzeptanz erfahren, auch wenn vielleicht ihr Erziehungsverhalten nicht unbedingt der Vorstellung der Erzieherin entspricht. Die meisten Erzieherinnen sind Eltern auf Grund ihrer Ausbildung oftmals in Fachfragen überlegen, mit ihrem psychologischen Hintergrundwissen können sie so manches Problem erklären. Eltern aber, als die ursprünglichen Kontaktpersonen der Kinder, sind oftmals mit einer Eltern-Kind-Kompetenz ausgestattet, in die sich so manche Erzieherin nur schwer hineinversetzen kann. Das Interesse dafür und der Austausch darüber kann den Respekt für beide Seiten und auch ein Mehr an elterlicher Verantwortung erwecken.

Eine Erziehungspartnerschaft setzt Interesse, Akzeptanz und gegenseitige Wertschätzung voraus dafür, wie und was der andere lebt. Und damit sind Eltern auch nicht mehr einfach nur die Eltern oder die Kuchenspender und die Aufräumhelfer bei Festen. Sie werden als Menschen mit (besonderen) Fähigkeiten und Fertigkeiten, mit Talenten und Hobbys wahrgenommen. Dies kann der Erzieherin Entlastung bringen, wenn ihr im Arbeitsalltag diese Fähigkeiten zu Gute kommen, und nicht zuletzt profitieren auch die Kinder davon. Nun gibt es die Stimmen, die die Gefahr sehen, dass durch einen solchen Elterneinsatz niemals mehr Personal in die Einrichtungen kommen wird. Doch können hier der Nutzen und die damit einhergehende Stressreduzierung bedeutsamer sein.

▶ **TIPP** In einer Elternkartei können sich die Eltern mit ihren Vorzügen eintragen. Da gibt es die Leseeltern, den Gärtner, die Computerfachfrau, die Künstlerin oder die Fitnesstrainerin. Eltern werden auf diese Weise zu Mitgestaltern des Kita-Alltags und viele Eltern fühlen sich durch ihr Mitwirken in ihrem Selbstwert gestärkt.

Das Interesse von Erzieherinnen konzentriert sich nicht allein auf das mehr oder weniger vorhandene erzieherische Geschick von Eltern. Ohne diesen erzieherischen Hintergedanken kann sich leichter eine natürliche und herzliche Nähe zwischen beiden entwickeln. Eines ist sicher, wenn Eltern sich wohl und angenommen fühlen, wenn sie so wie sie sind akzeptiert werden, dann gewinnen sie Vertrauen und mit diesem Vertrauen ist es für sie leichter, all die kleinen und großen pädagogischen Hilfestellungen anzunehmen.

Erfahrbare Soforthilfe anbieten

Eine Erziehungspartnerschaft schließt auch weiterhin mit ein, dass Erzieherinnen in Elterngesprächen auf einfühlsame Weise Hilfestellung anbieten, wenn es um Erziehungsfragen geht. Eltern, die Akzeptanz und Wertschätzung ihrer eigenen Kompetenzen erfahren haben, werden diese Hilfe eher in Anspruch nehmen und akzeptieren. Eine pädagogische Hilfestellung ist jedoch auch in konkreten Alltagssituationen möglich. Dies kann manchmal hilfreicher sein, als ein intensives Gespräch, das viel mehr Zeit und Energie in Anspruch nimmt, für Erzieherinnen und Eltern gleichermaßen. Eine der möglichen kleinen pädagogischen Hilfestellungen zeigt das Beispiel „Jonas zieht sich alleine an".

Jonas zieht sich alleine an

Frau K. holt ihren Sohn Jonas ab. Jonas, 5 Jahre alt, hält seiner Mutter die Füße entgegen, damit sie ihm die Schuhe anziehen kann. Frau K. weist Jonas daraufhin, dass er dies allein tun solle, schließlich könne er dies. Jonas beginnt zu jammern und strampelt dabei mit den Füßen. Frau K. wiederholt ihre Anweisung mehrfach und sitzt dabei neben ihm. Ihr Sohn macht keine Anstalten, die Schuhe anzuziehen, ganz im Gegenteil, sein Jammern unterstreicht er noch mit ein paar lauten Seufzern. Erzieherin M. beobachtet diese Situation und fragt die Mutter: „Ist es in Ordnung für sie, wenn ich Ihnen eine Möglichkeit zeige, wie man damit umgehen kann?“ Die Mutter atmet erleichtert auf, hört und schaut der Erzieherin zu. Erzieherin M. setzt sich neben Jonas und spricht mit klarer fester Stimme zu ihm: “Jonas, du kannst schon ganz allein deine Schuhe anziehen. Zieh sie dir jetzt bitte an. Wenn du fertig bist, meldest du dich im Büro, dort holst du dann deine Mutter ab.“

Die Erzieherin geht mit der Mutter ins Büro, hat dabei natürlich Jonas in Hörweite. Die Erzieherin fragt die Mutter, was sie beobachtet hat, bzw. was ihr aufgefallen ist. Der Mutter war die bewusst klare und eindeutige Anweisung der Erzieherin aufgefallen, mit der sie Jonas sogleich dazu bewegen konnte, sich die Schuhe anzuziehen. Ihr wurde in diesem Kurzlehrgang, der noch zwei weitere Male durchgeführt wurde, bewusst, dass sie Jonas gegenüber viel deutlicher auftreten muss.

In solchen alltäglichen Situationen kann Erziehung für Eltern praktisch erfahrbar werden. Sie erleben das hautnah, was die Erzieherin ihnen sonst in vielen Gesprächen nur theoretisch mitteilen könnte. Frau K. war stolz auf sich, als sie beim dritten Einsatz ihrer Stimme die richtige Eindeutigkeit geben konnte und Jonas sich wie selbstverständlich alleine anzog.

Die Form der direkten Erziehungsunterstützung eignet sich nicht nur für Situationen, in denen die Mutter überfordert ist, auch eine positive Bestärkung ist unterstützend. Schließlich gibt es da die vielen kleinen Situationen, in denen Eltern offensichtlich mit viel Einfühlungsvermögen und auch Konsequenz dem Verhalten ihrer Kinder begegnen.

Kai stört

Kai wird von seiner Mutter abgeholt. Sie steht im Flur und unterhält sich noch mit einer anderen Mutter. Kai kommt aus dem Gruppenraum und läuft seiner Mutter in die Arme. Sie begrüßt ihren Sohn herzlich und hält ihn eine Weile umarmt. Dann bittet sie ihn, sich schon einmal anzuziehen, weil sie gerne noch etwas mit Frau F. besprechen möchte. Kai zieht am Ärmel seiner Mutter, hält sie am Hosenbein fest, tanzt um sie herum, Kai stört offensichtlich. Die Mutter bleibt ruhig, schenkt dem Verhalten ihres Sohnes keine Beachtung und fährt unbeirrt mit ihrem Gespräch fort. Nach etwa drei Minuten zieht sich Kai allein an. Die Mutter setzt sich neben ihn auf die Bank und erkundigt sich danach, was er heute erlebt hat.

Die Erzieherin hat diese Situation beobachtet und spricht dies der Mutter gegenüber offen an: „Sie haben sich Kai gegenüber genauso verhalten, wie wir es in der Kita auch tun und das hilft Ihrem Sohn. Sie haben ihm ihre Aufmerksamkeit erst dann gegeben, als er sich angemessen verhalten hat und nicht in dem Moment, in dem er sie offensichtlich gestört hat. Kai wird auf diese Weise schnell lernen, dass Stören und Ärgern nicht unbedingt zu seinem Vorteil ist.“

Erzieherinnen können nicht alle Eltern mit ihren Unterstützungsangeboten erreichen und mit einem angemessenen Erziehungsverhalten ausstatten. Es gibt Eltern, die niemals so reagieren werden wie die Erzieherin es sich für sich selbst und für das jeweilige Kind wünscht: „Ich habe jetzt schon drei Gespräche mit Frau S. geführt und sie hat immer noch nicht verstanden, dass sie ihrem Sohn Tom mehr zutrauen sollte.“ Diese Aussage steht stellvertretend für viele andere. Die Uneinsichtigkeit von Eltern kann belasten und manchmal ärgerlich stimmen.

Es gibt die unterschiedlichsten Gründe, die eine Einsicht oder eine Verhaltensänderung von Seiten mancher Eltern nicht zulassen, z. B. die Prägungen durch ihre eigene Lebensgeschichte, Desinteresse, Oberflächlichkeit oder auch mangelnde Intelligenz. Die Grenzen sind nun einmal da und Erzieherinnen tun gut daran, sie zu akzeptieren, auch wenn es manchmal schlecht auszuhalten ist, dass Eltern aus Erziehersicht „verkehrt“ reagieren. Doch verkehrt ist nicht auch immer gleich grausam.

▶ **TIPP** Es wirkt entlastend, wenn Erziehrinnen akzeptieren, dass sie nur begrenzten Einfluss haben. Akzeptanz führt zu mehr Gelassenheit und mehr Gelassenheit reduziert Stress.

Der Autor Michael George sieht Akzeptanz als einzig gangbaren Weg zur Veränderung: „Aber, wenn Sie andere Menschen oder Situationen zu beeinflussen wünschen, gibt es nur einen Weg: Akzeptanz. Wenn Sie jemanden entwaffnen möchten, bleibt nur eines: Akzeptanz. Wenn Sie einen anderen dazu ermutigen und motivieren wollen, sich zu verändern, gilt nur eines: Akzeptanz. Wenn sie in irgendeiner zwischenmenschlichen Beziehung einen Konflikt lösen wollen, hilft nur eines: Akzeptanz. Ja, sogar, wenn Sie eine Führungsrolle übernehmen möchten, haben Sie nur eine Wahl: Akzeptanz und zwar bedingungslose Akzeptanz. Ansonsten ist ihre Akzeptanz nichts anderes als ein innerer Widerstand, der in einem anderen Gewand daherkommt: Im Grunde genommen möchten Sie nur Kontrolle ausüben." (2003) Und so gibt es auch Erfolge zu verzeichnen. Es gibt auch die Eltern, die nach langem Bemühen und konsequentem Einsatz ihr Erziehungsverhalten angemessen umstellen.

Verantwortlichkeiten benennen und festlegen

Wenn manche Eltern die Verantwortung für alles, was in Sachen Erziehung anfällt, den Erzieherinnen übertragen möchten, ist es Zeit, eine Trendwende einzuläuten. Auch eine vorübergehende Überforderung der Eltern kann und darf kein Grund dafür sein, sich ihrer Erziehungsverantwortung völlig zu entziehen. Der Gesetzgeber bietet Eltern, die nicht allein zurechtkommen, zwar Erziehungshilfe an, die Betonung liegt dabei jedoch auf Hilfe und nicht auf Abnahme der Verantwortung. Alle Eltern können ein bisschen Erziehung leisten, der eine mehr der andere weniger. Hilfsmaßnahmen beziehen deshalb immer auch ein Stückchen Eigenhilfe mit ein.

Der Erziehungsvertrag

Durch ein Interview hat die Erzieherin zu Beginn der Aufnahme in die Kindertageseinrichtung den Eltern das Angebot einer Erziehungspartnerschaft gemacht. Diese lässt sich in einem gemeinsam ausgehandelten Vertrag genauer festlegen. Gerade in Situationen, in denen sich auch mit mehreren Gesprächen kein Erfolg verbuchen lässt, können schriftlich festgehaltene Verbindlichkeiten das Ziel einer Partnerschaft unterstreichen.

Ein Erziehungsvertrag ist kein Vertrag im rechtlichen Sinne und es gibt bei Nichteinhaltung auch keine Konsequenzen. Im Vordergrund steht jedoch die eindeutige Haltung des Teams, dass Erziehung nur gemeinsam gestaltet werden kann und dass Eltern, die sich nicht an den Vertrag halten, einen Großteil an Verantwortung mittragen, wenn ihr Kind keine Fortschritte in den Bereichen macht, in denen es gemeinsam unterstützt werden soll.

Ein Erziehungsvertrag enthält ganz konkret formuliert maximal drei Erziehungsaufgaben der Eltern und der Erzieherinnen. Beide Seiten unterschreiben den Vertrag und nach acht bis zehn Wochen findet eine gemeinsame Überprüfung statt: Was konnten wir umsetzen? Was war schwierig? Ist eine (Verhaltens-)Änderung erkennbar? Ein Vertrag kann jederzeit verändert oder ergänzt werden.

Ein Erziehungsvertrag hat folgende Vorzüge:

- Die festgelegten Verbindlichkeiten steigern das Engagement der Eltern. Sie sind eher bereit für einen klar benannten Punkt die Verantwortung zu übernehmen.
- Es wird offenbar, dass nicht allein die Erzieherinnen verantwortlich für das Verhalten des Kindes sind.
- Das Kind gewinnt an Orientierung, denn es erfährt die gleichen Regeln in der Einrichtung und in der Familie.
- Eltern und Erzieherinnen werden zu „Verbündeten“ und können aufeinander zurückgreifen, statt von Kindern gegeneinander ausgespielt zu werden.
- Die Erziehungskompetenz von Eltern wird gefördert und gestärkt.

Das Beispiel „Paul ist ungepflegt“ beschreibt die Ausgangssituation, die ein Elterngespräch und den Abschluss eines solchen Vertrages nach sich gezogen hat.

Paul ist ungepflegt

Paul ist vier Jahre alt. Er ist ein ganz normal lebhaftes Kind, spielt jedoch häufig allein. Er ist meist freundlich und gut gelaunt. Sein besonderes Interesse gilt dem Bauteppich, wo er oftmals die interessantesten Baustellen eröffnet. Paul kommt jeden Morgen ungepflegt und ungewaschen in die Kindertageseinrichtung und riecht häufig sehr unangenehm. Er sucht täglich die körperliche Zuwendung der Erzieherin, die es viel Überwindung kostet, Paul auf den Schoß oder in den Arm zu nehmen. Auch die anderen Kinder wenden sich bis auf wenige Ausnahmen von ihm ab. Mehrfach hat die Erzieherin die Eltern darauf hingewiesen, dass Paul gewaschen in die Kita kommen soll. Dies ist bis jetzt nicht geschehen.

Die Eltern sind zu einem Gespräch in die Kita eingeladen. Nach der Begrüßung leitet die Erzieherin das Gespräch ein: „Wir möchten uns zum Wohle des Kindes auf den Weg machen, mit Ihnen Erziehung gemeinsam zu gestalten. Dafür müssen wir uns austauschen über das, was in der Familie läuft und das, was in der Kita praktiziert wird. Damit ihr Kind eine Orientierung für sein Leben gewinnt, ist eine gemeinsame Verhaltensstrategie erforderlich, eine möglichst gleiche Erziehungshaltung. Wir legen genau fest, was die Familie und was die Kita leistet. Wir möchten mit Ihnen einen Erziehungsvertrag abschließen."

Ein Erziehungsvertrag orientiert sich stets an zwei konkreten Fragen an die Eltern:

- **Was möchten Sie, dass aus Paul später einmal wird?** Eine solche Frage stellen sich die wenigsten Eltern, darum kann sie zunächst irritieren. Das moderate Geschick der Erzieherin ist hier erforderlich, Eltern beim Finden einer Antwort zu unterstützen. Die Frage impliziert ganz bewusst, dass Eltern für ihr Kind Erziehungsverantwortung tragen. Die meisten Eltern kommen zu einem gleichen Ergebnis: „Mein Kind soll später einen guten Beruf erlernen, es soll selbstbewusst und selbstsicher sein, es soll viele Freunde haben, gesund bleiben und selbstständig sein." Die Erzieherin macht deutlich, dass auch sie in der Kita dieses gleiche Ziel verfolgt. Paul soll zu einer selbstbewussten Persönlichkeit heranwachsen.

- **Was haben Sie bisher dafür getan, dass aus Paul ein solcher Mensch werden kann?** Falls erforderlich unterstützt die Erzieherin die Eltern bei der Suche nach einer Antwort. Vielen Eltern ist nicht bewusst, was sie diesbezüglich tun. Kleine konkrete Fragen können helfen: „Deckt Paul den Tisch, zieht er sich alleine an, wäscht er sich allein, spielt er zeitweise allein?“ Wichtig ist hier die Bestärkung und Bestätigung für das, was schon praktiziert wird.

Die Erzieherin zeigt daraufhin auf, welche Möglichkeiten sie Paul in der Kita bietet, damit er bestimmte Dinge lernen kann. Anschließend macht sie auf das Handicap aufmerksam, das die Entwicklung von Paul in starkem Maße negativ beeinflusst. Sie spricht klar und deutlich, aber dennoch freundlich, den Sachverhalt an: „Kai kommt morgens unsauber in die Kita, er riecht auch oftmals nach Urin. Kai möchte dann auf meinen Schoß und ich mag dies dann nicht, eben weil er so unangenehm riecht. Ich mag es nicht, wenn jemand sich so dreckig auf meinen Schoß setzt. Ich finde dies ganz schade, ich würde Paul gerne in den Armen halten. Paul möchte auch gerne mehr mit den anderen Kindern spielen, aber die wenden sich von ihm ab, sie sagen dann, dass Paul so riecht. Wenn wir möchten, dass Paul Freunde findet, dann muss er morgens ganz sauber hierher kommen, sonst wird er keine Freunde finden.“

Die Mutter erzählt davon, dass sie ja noch zwei weitere Kinder hat und dass dies ganz schön viel Arbeit ist. Im Gespräch mit der Mutter weist die Erzieherin nochmals daraufhin, wie wichtig die Sauberkeit ist, und macht der Mutter einen konkreten Vorschlag: „Können sie Paul jeden Abend duschen oder in die Badewanne setzen, schaffen sie das?“ Die Mutter nickt zustimmend. Die Erzieherin macht noch einmal deutlich: „Wenn Paul morgens gewaschen und sauber in die Kita kommt, dann kann ich jeden Morgen mit ihm eine kleine Zeit kuscheln und die anderen Kinder werden dann sicherlich mit ihm spielen wollen.“ Die Erzieherin hält im Beisein der Mutter stichpunktartig das Wichtigste fest und gibt ihr am nächsten Tag den Vertrag (→ Tab. 3.2) zur Unterschrift.

Erziehungsvertrag zwischen Familie Meier und der Kita Sonnenstern	
Eltern	Erzieherin
• Wir sorgen dafür, dass Paul jeden Morgen sauber und gewaschen in die Einrichtung kommt. • Wir zeigen Paul, wie er sich alleine wäscht und pflegt.	• Paul wird jeden Morgen fünf Minuten auf meinem Schoß sitzen. • Wir unterstützen Paul darin, Freunde zu finden.
Datum, Unterschrift	Datum, Unterschrift

Tab. 3.2: Beispiel eines Erziehungskontraktes zwischen den Eltern und der Kindertageseinrichtung

Die Erzieherin ist der Mutter offen und ehrlich gegenüber getreten. Sie hat freundlich die Wahrheit gesagt und der Mutter ihre Verantwortung bewusst gemacht. Das angemessene und freundliche Aufzeigen von Grenzen und der Mut zur Ehrlichkeit von Seiten der Erzieherin unterstreichen ihr Selbstbewusstsein und zeigen ihre konsequente Haltung. Werden Eltern mit den Konsequenzen für ihr Kind auf diese Weise konfrontiert, dann werden sie in der Regel auch eine positive Entscheidung treffen.

Regelmäßiger Körperkontakt kann ein Punkt in einem Erziehungsvertrag zwischen Eltern und der Kindertageseinrichtung sein

Der Erziehungsvertrag hat in diesem Fall geholfen. Paul kam zwar nicht gleich jeden Tag gewaschen und sauber in die Kita, aber wenn er so kam, dann war ein Lob an die Mutter fällig: „Heute hat Paul ja geradezu geduftet, er roch so angenehm, dass die anderen Kinder gleich zu ihm auf den Bauteppich gingen." Paul fand wirklich nach und nach Freunde. Er wusste bald, wann man sich zwischendurch die Hände wäscht und erzählte von seinen abendlichen Wannenbädern zusammen mit seinem Bruder. Statt ganz oben, z. B. bei den Bildungschancen von Paul anzusetzen, muss dafür zunächst die Basis geschaffen werden, in diesem Fall eine angemessene Sauberkeitserziehung von Seiten der Eltern.

Die Erzieherin übernimmt die Rolle der Moderatorin für eine beginnende Partnerschaft. Der Vertrag, den sie aushandelt, muss vor allem für beide Seiten realistisch und umsetzbar sein. Während dies für Familie X bedeutet, dass ihr Kind zu Hause regelmäßig den Abendbrottisch deckt, um seine Selbstständigkeit zu fördern, so handelt die Erzieherin mit Familie Y aus, dass ihr Kind einmal in der Woche ein Besucherkind einladen darf, um dadurch seine sozialen Kontakte zu unterstützen.

Wenn Erzieherinnen die Eltern als Partner annehmen und zunächst die Beziehungsebene in den Mittelpunkt stellen, dann können sie sie für eine gemeinsame Sache und in diesem Fall für eine angemessene Erziehung ihrer Kinder gewinnen. Der Stress mit den Eltern reduziert sich auf jeden Fall.

▶ TIPP Eine persönlich überreichte Dankeskarte an all die Eltern, die sich in den Kita-Alltag einbringen, ist eine nette Form der Kundenpflege.

Erzieherinnen sind Lernende wie Eltern auch und statt der pädagogischen Elternabende, die immer wieder angeboten, aber wenig besucht werden, sind Treffen eine Alternative, die ein gemeinsames Beisammensein, einen gemeinsamen Austausch und ein gemeinsames Lernen gleichermaßen ermöglichen. Warum nicht auch einen Elternabend gemeinsam mit Eltern planen?

Anerkennungskultur entwickeln

Zum Qualitätsmanagement in Kindertageseinrichtungen gehört auch das so genannte Beschwerdemanagement und die professionelle Erzieherin versteht sich darin, die vielen kleinen und auch größeren Elternklagen so zeitnah wie möglich zu klären. Doch Beschwerdebriefkästen fordern die Eltern geradezu heraus, nach Kritikpunkten und Schwachstellen zu suchen. Sie werden dazu aufgefordert, die Erzieherinnen zu demotivieren. Dies soll nicht heißen, dass es nur unberechtigte Kritik gibt und sich Erzieherinnen nicht mit Beschwerden auseinandersetzen sollen. Doch es drängt sich die Frage auf, warum Eltern nicht dazu aufgefordert werden, all das wahrzunehmen und zu bemerken, was die Erzieherinnen in ihrer Arbeit hervorragend meistern? Zur Steigerung der Leistungsfreude kann das Beschwerdemanagement durch eine Anerkennungskultur ersetzt werden. Die Zeit für Sitzungen und Gespräche, in denen Erzieherinnen Kritiken analysieren und Handlungsstrategien entwickeln, ist inhaltlich zu negativ besetzt. Verbesserungsvorschläge für dieses und jenes dürfen und müssen sein, aber ebenso wichtig ist es, bewusst Positives in Szene zu setzen.

Eine Lobtafel aufstellen

Lob ist rar im Kita-Alltag. Wenn Erzieherinnen Eltern an die Hand nehmen, können sie sie zu positivem Denken animieren. Eine Lobtafel in der Eingangshalle, gut sichtbar aufgestellt, kann Wunder wirken. Hier können Eltern all das aufschreiben, was ihnen in der Einrichtung gefällt. Für alle sichtbar kann dort z. B. stehen:

- Das Fest war absolute Klasse.
- Die Idee mit den Großeltern finde ich gut.
- Ich bewundere, wie einfühlsam die Erzieherin mit den Kindern umgeht.
- Wie gut, dass wir einen neuen und dazu männlichen Praktikanten haben.
- Ich genieße es, wenn wir Eltern uns im Elterncafe austauschen können.

Wenn Eltern animiert werden, die Arbeit mit einem positiven Blick zu betrachten, dann verlieren beschmutze Hosen der Kinder, eine vermeintlich falsche Öffnungszeit oder zu wenige Feste an Gewicht. Ganz im Gegenteil, Erzieherinnen, die bestärkt werden, deren Arbeit Anerkennung und Wertschätzung erfährt, werden all den Alltagsproblemen und Beschwerden, die es mit Eltern auszutragen gilt, mit Gelassenheit begegnen. Sie werden diese als Botschaft verstehen und als ein positives Angebot nutzen, darüber zu reden.

Selbst auf Erfolgswahrnehmung umschalten

Erzieherinnen entsprechen häufig den Wünschen und Erwartungen der Eltern, auch wenn diese im Team oft große Diskussionen auslösen, weil die Umsetzung eigentlich gar nicht mehr zu leisten ist. Doch obwohl sie dies tun, bleiben die Anerkennung und Wertschätzung oftmals aus. Was also muss passieren, damit der Erzieherin ein Mehr an Wertschätzung und Anerkennung begegnet?

▶ **TIPP** Wer sich selbst Wertschätzung entgegenbringt, der bekommt auch mehr Wertschätzung von außen.

Wenn Erzieherinnen eine ressourcenorientierte Pädagogik gestalten, dann ist es kontraproduktiv, wenn sie bei sich selbst nur bei ihren Defiziten und Mängeln ansetzt, die es aufzuarbeiten gilt. Ein Umschalten auf die Wahrnehmung der eigenen Leistung und Erfolge ist ein wichtiger Schritt in Richtung einer Anerkennungskultur:

- Was alles leiste ich? Was alles leistet das Team?
- Wo bin ich besonders erfolgreich? Wo sind wir als Team besonders erfolgreich?
- Was macht mich stolz? Was macht uns stolz?

Ansprüche von Eltern an die Erzieherin wird es immer wieder geben. Doch dies bedeutet nicht, dass die Erzieherin diesen Ansprüchen auch unbedingt gerecht werden muss. Wenn sie all das bewusst verinnerlicht, was sie Tag für Tag leistet, und dadurch ein Gefühl für ihre erbrachte Leistung bekommt, dann gewinnt sie an Selbstvertrauen und Selbstbewusstsein, dann findet sie sich selbst gut. Dieser verinnerlichte Selbstrespekt spiegelt sich in ihrem Auftreten Eltern gegenüber wider, in ihrer Haltung und ihrer Kommunikation. Ein Gleichgewicht zwischen Selbstkritik und Selbstwert ist hergestellt. Je mehr Selbstwert sich entwickelt, umso größer ist die Chance, die eigenen Defizite zunächst zu akzeptieren und dann mit eigener Willenskraft professionell aufzuarbeiten.

Die eigene Leistung transparent machen

Die Leistung einer Erzieherin bemessen einige Eltern an den gebastelten Werken der Kinder. Eine solche Einschätzung zeigt deutlich, wie wenig transparent diesen Eltern die eigentliche Arbeit einer Erzieherinnen ist. Dass sich jedoch ihre Arbeitsleistung auf einer ganz anderen Ebene zeigt, macht das Beispiel „Kita-Alltag“ deutlich. Eine solche Momentaufnahme aus dem Arbeitsalltag eignet sich sehr gut, um Eltern aufzuzeigen, wie und mit welcher Qualität Bildung und Erziehung im Kindergarten stattfinden und welchen Beitrag die Erzieherin hierbei leistet. Erzieherinnen können eine solche Sequenz aus ihrem eigenen Arbeitsalltag z.B. als Brief oder Protokoll an die Eltern verteilen und so ihre eigene Leistung transparent machen.

Kita-Alltag

8.30 Uhr: Erzieherin Anna sitzt bereits mit fünf Kindern am Frühstückstisch. Katrin, Florian und Steven hat sie gerade damit beauftragt, die Buntstifte neu anzuspitzen und Malblätter von der Computerpapierrolle zu reißen. Während Anna sich mit den Kindern am Frühstückstisch unterhält, kommt Dominik mit seiner Mutter in die Gruppe. Er ist erst seit einer Woche in der Gruppe und es fällt ihm noch schwer, sich von seiner Mutter zu trennen. Dominik beginnt zu weinen, als die Mutter sich von ihm verabschiedet. Anna nimmt ihn auf den Schoß, hält ihn behutsam und streichelt ihn. Florian und Steven laufen vom Maltisch herüber und zeigen stolz ihre angespitzten Stifte. Anna motiviert sie, sie dann doch gleich auch auszuprobieren.

8.40 Uhr: Dominik hat sich beruhigt und sitzt nun ebenfalls am Frühstückstisch, als Jasmin und Gero in den Raum kommen. Sie laufen freudestrahlend direkt auf den Bauteppich und wollen dort gleich an ihrem Kunstwerk weiterbauen. Anna geht auf sie zu, reicht ihnen die Hand und begrüßt sie: „Hallo ihr beiden, ich freue mich, dass ihr da seid.“ Anna geht zurück zum Frühstückstisch. Dort haben die ersten Kinder ihr Frühstück beendet. Anna beobachtet Philipp und Carina beim Geschirrabtrocknen, während sie sich an Dominik wendet, der noch auf seinem Platz sitzt. Er hält einen kleinen Kuschelhasen im Arm. Dominik möchte nichts essen.

8.50 Uhr: Anna streichelt den Hasen und ermuntert Dominik mit einem Lächeln: „Erzähl mir etwas über deinen Hasen, wo wohnt er und wo schläft er?“ Zögernd erzählt Dominik, als plötzlich Clarissa und Stefanie vor Anna stehen und ihr die Hand reichen. Mit einem „Guten Morgen“ und einer stürmischen Umarmung begrüßen die Kinder ihre Erzieherin. Anna lacht und fragt sie, während sie Dominik über den Kopf streicht, „was macht euch beide so fröhlich, habt ihr euch über etwas gefreut?“ Die beiden Kinder kichern und Stefanie erzählt Anna, dass sie heute bei ihrer Freundin übernachten darf.

9.00 Uhr: Anna beobachtet vom Gruppenraum aus, wie Lea ihre Mutter im Flur verabschiedet und sich auf die Garderobenbank setzt. Anna hat mit der Mutter abgesprochen, dass Lea sich allein an- und auszieht, doch Lea will dies noch nicht ganz akzeptieren. Anna ruft ihr zu: „Lea, ich weiß, dass du da bist. Ich freue mich auf dich und brauche gleich deine Hilfe.“ Lea schaut kurz um die Ecke und beginnt langsam, sich auszuziehen. Als Lea in den Gruppenraum kommt, begrüßt Anna sie herzlich und fragt sie, ob sie das Obst für die Zwischenmahlzeit klein schneiden möchte...

Eltern können immer wieder auf all das aufmerksam gemacht werden, was geleistet und ihnen als „Kunde“ angeboten wird. Erzieherinnen können ihre Erfolge vermarkten. Erzieherinnen positionieren sich mit positiven Informationen über Qualifizierungen, Projekte oder Besonderheiten der Gruppe. Erzieherinnen selbst übernehmen auch hier ab sofort die Regie. Sie unterstützen damit ihre eigene Grundhaltung und die des gesamten Teams. Wenn Transparenz eine derartig kraftvolle Arbeit sichtbar macht, verliert sich Kritik wie von allein.

„So wie wir arbeiten, so arbeiten wir optimal. Wir sorgen dafür, dass uns unsere Arbeit Freude macht. Dies wiederum ist die Voraussetzung dafür, dass ihre Kinder in einem optimalen Lern- und Spielklima aufwachsen.“ Eine solche Affirmation sorgt für mehr Selbstakzeptanz. Und ein selbstbewusstes Auftreten der Erzieherin trägt bei Eltern, Trägern und anderen Beteiligten dazu bei, dass sie ernst genommen wird. Die eigene Wertschätzung überträgt sich schleichend und führt zu mehr Anerkennung und Lob von außen.

Die eigene Besinnung darauf, gut zu arbeiten, macht unabhängiger von einer Rückmeldung und Wertschätzung von außen. Der Glaube an die eigenen, wunderbaren Qualitäten hat Platz, sich auszubreiten. Erzieherinnen gewinnen Selbstbewusstsein im Umgang mit angriffslustigen Eltern. Je weniger die Erzieherin auf die Rückmeldung von außen angewiesen ist, desto eher lässt sich auch eine angemessene und fürsorgliche Arbeit gestalten.

▶ **TIPP** Affirmationen unterstützen die eigene Wertschätzung und machen unabhängiger von einer Rückmeldung von außen, z. B.:

- Ich arbeite gut und richtig, wenn ich für Entspannung und Ausgeglichenheit sorge.
- Wir definieren unsere Arbeit nicht über die Summe der Aktivitäten, wir definieren unsere Arbeit über eine ausgeglichene, für alle Beteiligten umsetzbare und intelligente Jahresplanung.

Wenn in einer solchen Teamstimmung Eltern ein Mehr an Aktion fordern, dann trägt die verinnerlichte Haltung dazu bei, diesen Eltern mit Akzeptanz und Wertschätzung zu begegnen und zu entgegnen: „Wir haben eine optimale, gut ausgelastete Jahresplanung; da hat nichts mehr Platz. Danke für Ihre Anregungen, vielleicht können wir sie im nächsten Jahr berücksichtigen."

Eine veränderte Sichtweise hält damit Einzug in das Alltagsleben der Erzieherin. Statt der Wertschätzung anderer hinterher zu laufen und auf die undankbaren Eltern zu schimpfen, wird ein Selbstwert aus dem eigenen Ich heraus komponiert. Dies spart kostbare Energien und minimiert einen weiteren Stressfaktor.

Vorgesetzte

Dieses Kapitel konzentriert sich auf die Arbeitsbeziehung zwischen der Erzieherin und der Leiterin. Sie ist meist von gegenseitigem Respekt, von Achtung und Wertschätzung geprägt. Das Verhalten der Erzieherin hat auch hier großen Einfluss auf die Gestaltung dieser Arbeitsbeziehung. Eine verantwortungsvolle Reflexion dieses eigenen Verhaltens schafft gute Bedingungen, um entspannte Beziehungen zu den Kolleginnen und auch zur Leiterin zu pflegen. Auch eine akzeptierende Haltung gegenüber der Tatsache, dass es keine perfekten Menschen gibt und weder die Erzieherin selbst noch die Leiterin alle Erwartungen bezüglich ihrer Kompetenzen erfüllen kann, trägt dazu bei. Akzeptanz reduziert Ärger.

Geben statt wünschen

Erzieherinnen können sich selbst treu bleiben und dies ist unabhängig davon, wie sich die Leiterin ihnen gegenüber verhält und welche Führungsqualitäten sie hat oder nicht hat. Diese Haltung unterstützen folgende Fragen:

- Wie stelle ich mir meine Arbeit vor?
- Was tue ich alles, damit ich mich an meinem Arbeitsplatz wohl fühle?
- Wie verhalte ich mich im Umgang mit der Leiterin?
- Wie wünsche ich mir diese Beziehung und was tue ich dafür?

Zu dieser Klärung ist auch die Frage nach der eigenen Erwartungshaltung hilfreich. Wenn Erzieherinnen eine Liste von menschlichen Qualitäten erstellen würden, die sie von einer Leiterin erwarten, dann wären die wichtigsten diese: Sie soll offen und ehrlich sein, authentisch, kritikfähig, kommunikativ, wertschätzend und anerkennend, freundlich und fröhlich, gerecht, motivierend, fürsorglich und unterstützend. Für eine entspannte Arbeitsbeziehung ist hier die Frage an sich selbst notwendig, inwiefern es der Erzieherin selbst gelingt, eine solch anspruchsvolle menschliche Grundausstattung zu leben und zu praktizieren. Und genau in dem Bereich von Erwartungen und Wünschen liegt auch eine Möglichkeit durch das so genannte Umkehrverhalten, das zu bekommen, was sie sich wünscht.

Das Umkehrverhalten

Statt auf die Erfüllung ihrer Erwartungen an die Leiterin zu warten, kann die Erzieherin das, was sie nicht bekommt, erst einmal selbst geben. Sie kann den Spieß umdrehen und die Leiterin führen. Dies ist eigentlich nicht ihre Aufgabe, kann aber für sie selbst eine Bereicherung sein. Ein solches Umkehrverhalten kann folgendermaßen aussehen:

- Erhält die Erzieherin keine Rückmeldungen zu ihrer Arbeit, so kann sie vorleben, wie sie Rückmeldungen ausspricht.
- Erhält die Erzieherin wenig Lob, so kann sie angemessenes Lob verteilen.
- Begegnet die Leiterin der Erzieherin nicht mit Offenheit und macht sie z. B. nicht auf eventuelle Missgeschicke aufmerksam oder auf das, was an ihrem Verhalten nicht in Ordnung ist, so kann die Erzieherin der Leiterin gegenüber ihre eigene Offenheit präsentieren.
- Begegnet ihr die Vorgesetzte in unwirschem Ton, wird sie gar unfreundlich und abwertend behandelt, so kann die Erzieherin freundlich ihre Grenzen aufzeigen.
- Werden die eigenen Stärken nicht gesehen und nicht anerkannt, bemerkt die Erzieherin die Stärken ihrer Vorgesetzten und deklariert diese offen als solche.

Es gibt einige Erzieherinnen, die nach einer persönlichen Beratung dieses Umkehrverhalten ausprobiert haben. Sie haben eine lange Zeit kontinuierlich, beharrlich und ganz bewusst entsprechende positive Verhaltensweisen im Kontakt mit der Leiterin gezeigt und gelebt – und sie hatten Erfolg. Ganz langsam verwandelten sich einzelne unangenehme Arbeitsbeziehungen mit Vorgesetzten in angenehmere. Statt sich zu ärgern, statt zu kritisieren, statt sich zu beklagen haben sie ihr Augenmerk bewusst auf sich selbst gerichtet. Davon haben sie selbst profitiert, da sich auch bei ihnen dieses positive und vorbildlich kollegiale Verhalten gefestigt hat. Nicht zuletzt hatten sie sogar Spaß daran, mit den eigenen Verhaltensqualitäten zu experimentieren.

Diese Vorschläge hören sich vielleicht zunächst eigenwillig und auch seltsam an, schließlich sollen die Leiterinnen ihre Vorbildfunktion ausfüllen und die Erzieherinnen davon profitieren. Doch wenn es um Stressreduktion geht, ist diese Methode auf jeden Fall eine Alternative zum Ärger, der sich breit machen kann, wenn die Leiterin nicht den Erwartungen der Erzieherin entspricht. Es ist egal, in welcher Rolle die Erzieherin sich befindet. Wenn sie sich selbst kennt und weiß, was sie wie will, kann sie so auch Alternativen entwickeln zu den herkömmlichen und meist zeitaufwändigen Gesprächen.

▶ **TIPP** Das eigene Wohlbefinden in den Mittelpunkt zu rücken und nicht so sehr ein unangemessenes Verhalten einer Vorgesetzten, entspannt bereits die Arbeitsbeziehung und reduziert Stress.

Wenn das eigene Wohlbefinden mehr in den Mittelpunkt rücken soll, sind Mut, Selbstbewusstsein und Zivilcourage gefragt. Es hat sich schon häufig gezeigt, dass die Kolleginnen, die einer Leiterin gegenüber offen und ehrlich und in angemessener Form Kritik äußern, weit mehr respektiert und anerkannt werden, als jene, die sich eher zurückhaltend verhalten und vieles nur mit sich selbst ausmachen. Wenn die Erzieherin z. B. häufig das Gefühl hat, dass sie erschöpft ist und sie die weiteren geplanten Aktivitäten fast erschlagen, dann kann sie dies der Leiterin gegenüber äußern oder warten, bis sie ein Magengeschwür bekommt. Die Entscheidung für ihr Wohlbefinden einzutreten, liegt bei der Erzieherin.

Es gibt die unterschiedlichsten Leitungstypen, in deren Führungsstil sich letztendlich ihre eigene Persönlichkeit widerspiegelt und dieser Führungsstil beeinflusst das Miteinander im Team, er beeinflusst die pädagogische Arbeit und nicht zuletzt die Außendarstellung. Doch so wenig Erzieherinnen die Eltern und Kolleginnen verändern können, so wenig können sie auch ihre Vorgesetzte ändern. Es sei an dieser Stelle aber auch daraufhin gewiesen, dass es ganz schwierige und verfahrene Situationen in Teams gibt, die einer professionellen Unterstützung und Begleitung bedürfen.

4 Die Einrichtung verändern

Die Kindertageseinrichtung selbst bietet viele Möglichkeiten, um die in Kapitel 1 genannten Stressfaktoren anzugehen. Die Gestaltung der äußeren Bedingungen und die inhaltliche Planung bieten Erzieherinnen viel Spielraum für einen Arbeitsalltag mit deutlich weniger Stress.

Ordnen und entrümpeln

Erzieherinnen zählen häufig zur Spezies der Sammler. Sie können alles gebrauchen. Angefangen von den gut verwendbaren Toilettenrollen über Kronkorken und die Tannenzapfen für die Weihnachtsdekoration bis zu den Kisten voll mit Stoffresten und Wollknäueln. Alles wird in Abstellkammern gut verstaut und wartet darauf, irgendwann einmal zum Einsatz zu kommen. Natürlich hat dieses Sammeln auch etwas mit der Freude der

Erzieherin an kreativen Bastelaktionen zu tun. Doch soviel wie oftmals gesammelt wird kann selbst in zehn Jahren nicht verbraucht werden.

Weg damit – alles, was länger als ein halbes bis ein Jahr unberührt lagert, kann ohne schlechtes Gewissen entsorgt werden. Entrümpeln bezieht sich jedoch nicht nur auf ein Übermaß an gesammelten Materialien, sondern auch auf ein Zuviel an:

- Dekoration
- Spielmaterialien
- Information.

Entrümpeln befreit. Entrümpeln heißt gleichzeitig Ordnung zu schaffen. Ordnung erleichtert das Suchen und Finden und bedeutet damit auch weniger Stress und Hektik. Eine entrümpelte und aufgeräumte Kindertageseinrichtung ist ein weiterer spürbarer Schritt in Richtung Veränderung. Der äußere Ballast verschwindet. Ein Gefühl der Erleichterung, der Entlastung macht sich breit, auch wenn sich damit zunächst nur äußerlich etwas verändert hat.

▶ **TIPP** Eine Teamvereinbarung kann eine geplante Entrümpelung unterstützen und so manches Zögern beim Entsorgen beschleunigen. Die Teammitglieder vereinbaren, dass jede Erzieherin ihren Gruppenraum entrümpelt. Sie stellen einen genauen Plan auf, wer welchen Raum zusätzlich entrümpelt und aufräumt.

Bei der Aufforderung zum Entrümpeln macht sich vielleicht bei mancher Erzieherin ein gewisses Gefühl von Unwohlsein breit: „Das kann ich noch gut gebrauchen, das kann man doch nicht einfach wegwerfen." Hier gilt es, sich einen Ruck zu geben und die eigene Sammlermentalität zu hinterfragen. Loslassen und sich verabschieden gilt auch im Kleinen. Um der Wegwerfmentalität unserer Gesellschaft entgegenzutreten, können alle Materialien, die entsorgt werden sollen, noch einmal für jeden zum Mitnehmen angeboten werden. In der Halle oder vor dem Gruppenraum wird für eine Woche ein Tisch aufgebaut und mit einem Plakat darauf aufmerksam gemacht, dass alle Kinder sich hier bedienen können. Dies ist eine ausgezeichnete Motivation, um eventuell auch in der Familie den Spaß an einer gemeinsamen Bastelaktion wieder aufzufrischen.

Die Entsorgung von überflüssigem Material schenkt der Erzieherin nicht nur ein erstes Gefühl der Erleichterung. Sie kann so ganz nebenbei ein Bewusstsein dafür bekommen, welchen Anteil das Basteln in ihrem Arbeitsalltag hat. Basteln und Gestalten sind wichtige pädagogische Instrumente, um Kinder zu fördern, doch Erfahrungen zeigen, dass diese Aktivitäten oftmals einen zeitlich viel zu großen Raum im Kita-Alltag einnehmen. Wird der Abstellraum entrümpelt, schafft dies auch symbolisch Platz für etwas Neues und damit jenseits von Bastelaktionen auch für alternative Arbeitsinhalte. Sie bekommen mehr Raum und sind vielleicht sogar weniger aufwändig als die manchmal mit sehr viel Umstand verbundenen Gestaltungsangebote.

▶ **TIPP** Ein kleines Regal für die wichtigsten und notwendigsten Materialien in beschrifteten Behältern gelagert, erleichtern die Übersicht. Empfehlenswert ist für jede Erzieherin eine Grundausstattung an Arbeitsmaterialien, die dann jede für sich mit ihrem Namen versieht und an einem eigens dafür festgelegten Platz in ihrer Gruppe hinterlegt.

Eine klare Ordnung und Übersicht erleichtern nicht nur den Arbeitsalltag, sie reduzieren auch so manche Stresssituation. Es wird zwar immer vorkommen, dass ein Gegenstand nicht gleich auffindbar ist, doch wenn weniger Zeit mit Suchen verbracht wird, trägt dies zu einer entspannten Atmosphäre bei.

Dekorationen schaffen Atmosphäre

Es gibt viele beeindruckende und nachahmenswerte Dekorationsideen in den zahlreichen Kindertageseinrichtungen. Die Erzieherin ist als Innenarchitektin gefragt, wenn sie die Räume der Einrichtung in ein Wohlfühlparadies verwandeln möchte. Jeder Mensch entwickelt im Laufe seines Lebens einen eigenen Geschmack. Eine bewusste Auseinandersetzung damit unterstützt das damit einhergehende Wohlgefühl.

Stoffe und Licht schaffen eine Wohlfühlatmosphäre

Einfarbige Stoffe bringen Wärme in den Raum und sind gleichzeitig schalldämmend. Sie trennen als Raumteiler verschiedene Spielbereiche. Dekorativ auf der Fensterbank ausgelegt unterstreichen sie die Wertschätzung einer kleinen Sammlung von Muscheln oder Steinen. Grünpflanzen sind ebenfalls sehr dekorativ, sie können Spielbereiche voneinander trennen oder zur Gemütlichkeit einer Leseecke beitragen. Pflanzen tragen neben den vielen unbelebten Materialien Leben in einen Raum. Auch Lichtquellen beeinflussen eine Wohlfühlatmosphäre und haben dekorativen Charakter.

Viele kleine Lichtquellen bringen die Helligkeit dorthin, wo sie gebraucht wird. Gedämpftes Licht sorgt für Ruhe und Wärme im Raum. Besonders dekorativ und von Nutzen zugleich ist Omas alte Stehlampe.

Nicht zuletzt sind es die Werke der Kinder, die in den Blickpunkt gehören. Ein oder zwei Bilder von Kindern an einer Wand oder auch ein Gemeinschaftswerk laden zur bewussten Betrachtung ein. Aber auch das Lied der Woche oder das Zitat des Tages sind, fantasievoll gerahmt, eine dekorative Nuance. Gleichzeitig sorgen sie für die notwendige Transparenz der pädagogischen Arbeit.

Farben beeinflussen das Wohlgefühl

Farben haben einen direkten Einfluss auf den Gemütszustand eines Menschen. Sie können beruhigen, anregen und fröhlich oder aggressiv machen. Schon Goethe beschrieb in seiner Farbenlehre, welche Emotionen die einzelnen Farben beim Betrachter auslösen können. Gelb bezeichnete er z. B. als „die nächste Farbe am Licht“ und schrieb ihr „eine heitere, muntere, sanftreizende Eigenschaft“ zu. „Das „Blaue“ dagegen, so Goethe, „gibt uns ein Gefühl von Kälte“. Grün empfahl er wegen seines ausgleichenden und beruhigenden Charakters für Räume, in denen man sich häufig aufhält.

Heute weiß man, dass der große Dichter und Denker damit richtig lag. Und es gibt Studien, die belegen, dass Empfindungen, die durch verschiedene Farben ausgelöst werden, bei Menschen auf der ganzen Welt ähnlich sind. Dieses Wissen lässt sich auch bei der Raumgestaltung von Kindertageseinrichtungen nutzen.

Ein Farbkonzept kann das Gesamtkonzept einer Kindertageseinrichtung unterstreichen. Barbara Held, die jahrelang selbst als Erzieherin tätig war und heute als freischaffende Künstlerin arbeitet, rät: „ Ich empfehle für alle Räume der Kita eine Grundfarbe, ein leicht abgetöntes weiß, ein zurückhaltendes beige oder ein sanftes gelb. Es gibt so viele sinnliche Eindrücke in einer Kita, abgesehen von den vielen Menschen, die dort in einem Raum sind, die es zu verarbeiten gilt. Das Auge muss die Chance haben, zur Ruhe zu kommen.“

Sortierte Spielmaterialien erleichtern die Auswahl

Neben den gestalterischen Elementen beeinflusst auch das Spielmaterial die Atmosphäre im Raum. Sowohl die angebotene Menge als auch die Spieleart wirken sich auf das (Spiel)Verhalten der Kinder aus. Die Qualität von Kindertageseinrichtungen wird heute häufig mit Hilfe von Einschätzverfahren gemessen. In diesen gilt eine optimale, vielfältige Auswahl von Spielmaterialien als erstrebenswert. Es lohnt sich, dies kritisch zu hinterfragen, denn eine zu große Vielfalt kann Kinder ähnlich wie Erwachsene angesichts des Warenangebots in einem Supermarkt überfordern und in Stress versetzen. Intensives, fantasievolles Spiel wird nicht automatisch durch ein mehr an Materialien gefördert.

Fünf bis sieben Spiele, die in ihrer Ausstattung vollständig sind, reichen völlig aus. Ein Einkauf im Baumarkt bereichert das Spielangebot dahingehend, dass weniger fertiges und genormtes Spielmaterial die Kinder zum experimentellen Spiel anregt.

Ein reduziertes Materialangebot schafft Übersicht und lässt Raum für eigene Ideen

Beim Entrümpeln und Reduzieren von Spielmaterialien ist neben dem zur Verfügung stehenden Raumangebot und den damit verbundenen Spielbereichen immer das momentane Spielbedürfnis der Kinder zu berücksichtigen. So kann z. B. die Puppenecke für eine Zeit einmal verschwinden. Die Erzieherin kann stattdessen eine Rollenspielecke installieren mit einigen Spiegeln und einem Korb mit kleinen und großen Tüchern, die zum Verkleiden einladen.

Ordnung strahlt Ruhe aus. Die Reduzierung des Materialangebotes schafft Überschaubarkeit für die Kinder wie für die Erzieherin. Die Übersicht erleichtert die Materialauswahl und lässt Raum für eigene Ideen. Ein Gefühl für Ordnung kann sich entwickeln. Jede Erzieherin wird auf ihre Weise die Entscheidung treffen, was sie entsorgt. Ein Austausch untereinander kann den Entscheidungsprozess unterstützen.

Aktuelle und kurze Informationen wecken das Interesse

Manche Eltern haben wenig Zeit oder auch wenig Interesse, das Neueste oder Wichtigste zu lesen. Neugierde setzt sich aus „neu" und „Gier" zusammen; um also die Gier nach Neuem zu wecken, ist Fantasie ist gefragt.

▶ **TIPP** Ein selbst gestaltetes Plakat im Eingangsbereich, das z. B. zum Lesen aufgeklappt werden muss und auf dem kurz und knapp das Wesentliche formuliert ist, weckt die Neugier und hat damit eine größere Chance, gelesen zu werden.

An der Infowand stehen nur die wichtigsten und aktuellsten Informationen. Fotos des Personals der Kindertageseinrichtung beispielsweise mit einem kurzen Kommentar oder besondere Auszeichnungen der Einrichtung tragen zum ersten positiven Eindruck von Besuchern bei.

Ausführlichere Informationen wie die Ausführungen zum neuen Kindergartengesetz, die wichtigsten Jahrestermine oder die Einladung zum Elterncafe werden als Handzettel an alle Eltern verteilt. Eine regelmäßige Überprüfung des Schwarzen Brettes sorgt für Aktualität.

Lautstärke reduzieren

Lärm ist einer der Hauptstressfaktoren im pädagogischen Alltag einer Erzieherin. Lärm kann krank machen und ist deshalb nicht zu unterschätzen. Lärmbedingte Erschöpfung kann mit eine Ursache für Burn-out sein. Eine Erzieherin ist in der Regel einem anhaltend mittleren Schalldruck ausgesetzt. Dies in Verbindung mit meist zu geringen Pausenzeiten bzw. dem intensiven Kontakt z. B. auch während der Essenszeit zu einer ständig kommunizierenden Kindergruppe, kann folgende Stressreaktionen auslösen:

- Störungen der Aufmerksamkeit und Konzentrationsfähigkeit
- Erhöhte Anspannung und Schlafstörungen
- Erste Ermüdungs- und Erschöpfungszustände bereits zur Mittagszeit
- Vorzeitiger Verschleiß.

Müssen Erzieherinnen einen hohen Lärmpegel aushalten, weil Kinder nun mal laut sein dürfen und sollen, und sind sie egoistisch, wenn sie für eine angemessene Lautstärke sorgen? Nein, es ist nicht egoistisch, wenn die Erzieherin Kindern gegenüber das äußert, was sie empfindet. Wie sonst sollen Kinder Rücksichtnahme üben können. Sie erfahren überdies, dass jeder seine Stimmung und seine Gefühle ausdrücken kann. Die Kinder profitieren von einer Erzieherin, die die Verantwortung übernimmt sowohl für sich selbst und ihr Wohlbefinden als auch für ein angemessenes Spiel- und Lernklima.

Inzwischen gibt es in einigen Einrichtungen die Lärmampel. Sie zeigt mit den Farben einer Ampel die Höhe des Lärmpegels an. Sie übernimmt gewissermaßen die Entscheidung, ob es zu laut ist, liefert aber keine Lösungsvorschläge, wie der Lärm in einer Kindergruppe kontrolliert werden kann. Überdies ist sie sehr groß und nimmt viel Platz weg. In Dänemark tragen laut dpa immer mehr Erzieherinnen einen Gehörschutz bei der Arbeit. Er filtert die hohen Lärmfrequenzen heraus. Diese Lösung mag für Erzieherinnen von Vorteil sein, was aber ist mit den Kindern, die diesem Lärm ebenfalls ausgesetzt sind? Fantasievolle und flexible Lösungen sind gefragt, wenn es darum geht, den Lärm in der Kindertageseinrichtung zu reduzieren.

Raumteiler schaffen Zonen für ein ruhiges Spiel

Das Empfinden für Lautstärke ist von Tag zu Tag unterschiedlich und immer auch von Stimmungen und bestimmten Situationen abhängig. Da gibt es Tage und Situationen, da ist die Erzieherin mitten drin, wenn Kinder sich lauthals streiten oder mit Eifer und nachahmendem Brüllen die Tiger im Dschungel verfolgen. Da gibt es aber auch Tage und Situationen, da kann und soll sie der Lautstärke in der Gruppe Einhalt gebieten. Sie sorgt damit nicht nur für ihr eigenes Wohlbefinden, sie gibt auch den Kindern die Chance, ihr Spiel in Ruhe weiterzuspielen, die gerade nicht an einer lauten Aktion beteiligt sind.

Ein hoher Grundgeräuschpegel wird manchmal durch eine ungünstige Raumgestaltung provoziert. Wenn die Erzieherin z.B. ganz besonderen Wert auf einen bewegungsfreundlichen Raum legt, dann geht damit meistens auch ein lauteres Spiel der Kinder einher. Neben allen pädagogischen Argumenten für mehr Bewegung braucht eine Kindertageseinrichtung ebenso Orte und Räume, die zum ruhigen Spiel auffordern.

Wie kommt es, dass es in unterschiedlichen Gruppen unterschiedlich laut bzw. leise ist, obwohl bei der Zusammensetzung der Gruppen auf eine gute Mischung geachtet wurde? Zunächst einmal sind es die vielen Kinder, die während des Spielens dazu beitragen, dass es immer mal wieder zu laut wird. Doch spielt das Sprachverhalten der Erzieherin eine nicht unwesentliche Rolle. Sie hat es in der Hand, solchen Situationen Lärm ausgleichend oder Lärm fördernd zu begegnen. Eine in ihrer sprachlichen Grundlautstärke eher laute Erzieherin unterstützt unbewusst die Lautstärke in der Gruppe und umgekehrt. Das eigene Sprachverhalten zu reflektieren, ist ein guter Ansatz, um in einer lauten Situation mit einer anderen Stimme reagieren zu können.

„Zudem werden Sie sich plötzlich sowohl mit sich selbst als auch mit anderen Menschen wohler fühlen als bisher. Wenn sie diese drei Anweisungen befolgen – also weniger, leiser, und langsamer sprechen –, verändern sich auch Ihre inneren Dialoge entsprechend. Sie werden spürbar ruhiger werden und über wesentlich mehr Energie verfügen." (George, 2003)

Das Außengelände kontinuierlich als Spielraum nutzen

Ein guter Ansatz zur Reduzierung der Lautstärke ist es, das Außengelände als alltäglichen und selbstverständlich zugehörigen Spielraum mit einzubeziehen. Die Kinder spielen nicht erst zum Abschluss des Vormittages dort, sondern bereits ab dem frühen Morgen, der vielleicht auch noch mit einer Morgengymnastik eingeläutet wird. Im Wechsel sorgen die Mitarbeiterinnen draußen für die Aufsicht und ein entsprechendes Bewegungs- und Spielangebot, während in den Gruppenräumen durch die reduzierte Kinderzahl ein pädagogisch intensiveres Arbeiten möglich wird.

Ein ganztägig genutztes Außengelände bietet Kindern den nötigen Spielraum

Die hohe Bedeutung von persönlichen Einstellungen der Erzieherin zu bestimmten Dingen und Situationen im Leben rückt hier wieder in das Blickfeld. Eine solche Idee fordert dazu heraus, sich mit der eigenen Einstellung zu „schlechtem" Wetter oder auch mit dem Thema Bewegung und eigene Bequemlichkeit zu befassen.

Ein konkretes und bewusstes Hinterfragen eigener Haltungen und Einstellungen unterstützt die Erzieherin darin, Lösungen zu suchen und zu finden, die ihren Arbeitsalltag erleichtern und gleichzeitig bereichern. So lässt sich auch für das häufig beobachtete „Montagssyndrom" Abhilfe schaffen. Wenn es montags zu laut ist, weil die Kinder vielleicht das ganze Wochenende ferngesehen haben, dann brauchen sie kluge Erwachsene, die diese Situation für sie beeinflussen und dem Lärm und der Unruhe mit konsequenten Maßnahmen begegnen.

Wenn sich Erzieherinnen ihren eigenen Anspruch an eine angenehme Arbeitsatmosphäre bewusst machen und Verantwortung übernehmen, indem sie für eine räumliche Veränderung sorgen, schaffen sie für sich und für die Kinder die besten Voraussetzungen für ein angenehmes Klima. Von einem ganztägig genutzten Außenspielbereich profitieren Erzieherinnen wie Kinder auf den verschiedensten Ebenen:

- Der Geräuschpegel im Gruppenraum sinkt.
- Weniger Kinder erfordern weniger Aufsicht und dies lässt Zeit und Raum für anderes.
- Das notwendige Maß an Bewegung für Kinder ist gewährleistet. Räumlich beengte Kindertageseinrichtungen können ihr ganzes Bewegungsangebot nach draußen verlegen.
- Die Erzieherin kann sich selbst Gutes tun und z. B. sportlich aktiv sein, indem sie gemeinsam mit den Kindern die Vielfalt der Bewegungsmöglichkeiten nutzt. Sie kann auch den Aufenthalt im Freien nutzen, um ihren leeren Sauerstoff- und Energietank wieder aufzufüllen.

An dieser Stelle wird der große Entscheidungsspielraum der Erzieherin deutlich. Wenn sie das Seil, den Ball oder die Laufstrecke mit den natürlichen Hindernissen der Außenanlage nutzt, um ihrem eigenen sportlichen und gesundheitsbewussten Anspruch gerecht zu werden, dann sorgt sie mit diesem eigennützigen Einsatz zwar für sich selbst, aber sie ist gleichzeitig das beste Vorbild für Kinder, die die Freude an der Bewegung für sich entdecken können.

Während dem Stressfaktor Lärm mit einer veränderten räumlichen Nutzung Einhalt geboten wird, entstehen zugleich wunderbare Voraussetzungen für ein angenehmeres Arbeitsfeld der Erzieherin.

Kreativ den Lärmpegel steuern

Mit den folgenden Ideen kann es gelingen, im Kita-Alltag fantasievoll die Regie zu übernehmen, wenn es wieder einmal zu laut wird:

- **Mit der Körpersprache oder einem Lied arbeiten** – die Erzieherin signalisiert den Kindern, dass sie leiser sein sollen, indem sie sich in die Mitte des Raumes stellt und stumm ihre Arme in die Luft streckt. Ein leise gesungenes Lied hat dieselbe Wirkung.
- **Eine Klangschale oder Zimbel nutzen** – dieses Ritual spricht die Erzieherin im Vorfeld mit den Kindern ab. Immer wenn die Kinder das Instrument hören, sind alle für einen Moment ganz still, um dann etwas leiser weiterzuspielen. Den Kindern wird dadurch bewusst, dass ihr Spiel zu laut war. Mit der Zeit entwickeln sie ein Gefühl für übermäßige Lautstärke und Lärm. Der Einsatz des Instrumentes ist auch in Klein- bzw. Untergruppen möglich.
- **Eine Stilleübung einsetzen** – eine CD mit klassischer Musik wird aufgelegt. Die Kinder machen sich währenddessen ausschließlich mit ihrer Gestik und Mimik verständlich. Selbst wenn es vielen schwer fällt, einmal ganz ohne Worte auszukommen, entdecken sie damit ihr nonverbales Sprachpotenzial ganz abgesehen von der Ruhe, die alle für eine Zeit genießen können. Diese Übung sollte eher selten eingesetzt werden, damit ihre Attraktivität länger erhalten bleibt.
- **Eine Flüsterrunde einläuten** – für zehn Minuten unterhalten sich alle nur in der Flüstersprache. Kinder üben sich auf diese Weise ganz bewusst darin, konzentriert zuzuhören und leiser zu sprechen. Die Flüsterrunde eignet sich auch für die Kleingruppe.
- **Einen Stilleraum einrichten** – hier kann man ein Bilderbuch betrachten, eine CD über Kopfhörer hören und dabei eine Augenbinde aufsetzen, den Fischen in einem Aquarium zuschauen, ein Mandala aus Naturmaterialien legen oder auf einer Liege liegen und aus dem Fenster in die Natur schauen. In diesem Raum gilt die Regel, nicht zu sprechen und ganz besonders still zu sein. Es ist eine Herausforderung, mit sich allein etwas anzufangen, wo es doch sonst in der Gruppe so viele Kinder und Ablenkung gibt. Dieser Raum ist gleichzeitig ein hervorragender Ausruhraum für die Pausen der Erzieherinnen.

- **Laut sein erlauben** – Kinder müssen auch laut sein dürfen. Wer schreit am lautesten? Die Gruppenraumtür nach draußen oder das Fenster werden geöffnet und alle Kinder schreien nach und nach so laut sie können. Diese Übung eignet sich auch für einzelne Kinder, die gerade besonders laut sind.
- **Die Yogaübung „Der Löwe brüllt" einführen** – diese Yogaübung fordert auch die Kinder zum Brüllen auf, die sonst eher zurückhaltend sind. Dazu setzen sich die Kinder auf ihre Unterschenkel, ihre Hände liegen gespreizt auf dem Boden davor. Sie atmen ganz tief ein und legen dabei den Kopf in den Nacken. Beim Ausatmen brüllen sie so laut wie ein Löwe und senken dabei ihren Kopf zu Boden. Dies wird ca. dreimal wiederholt.

Die Erzieherin signalisiert mit einer Klangschale, dass es in der Gruppe zu laut ist

- **Aufmerksames Hören anregen** – was sind Töne, was sind Klänge, was ist Schall? Wie kann ich meine Stimme verändern? Wie hört sich die Stimme von Felix, von Meike oder von Klara an, wie unterscheiden sie sich? Warum sprechen wir manchmal laut, warum manchmal leise? Wie hört sich meine Stimme auf dem Kassettenrecorder an, erkenne ich mich wieder? Mit Kindern all diesen Fragen nachzugehen regt sie dazu an, einmal „ganz Ohr" zu sein.

Mit Achtsamkeit im Alltag zur Ruhe kommen

Mehr Achtsamkeit bringt mehr Ruhe in den Alltag und kann hektische und häufig mit viel Lärm verbundene Situationen entschärfen. Die Zeit während oder kurz nach dem Mittagessen beispielsweise ist in vielen Einrichtungen von großer Unruhe und Lärm geprägt. Hier ist ein Ansatzpunkt, um mit Achtsamkeit für Kinder und Erwachsene mehr Entspannung in den Alltag zu bringen.

Viele Gesten und Handlungen werden im Alltag ganz selbstverständlich und ohne nachzudenken ausgeführt. Sie können mit neuem Sinn gefüllt werden, wenn alles mit mehr Achtsamkeit und damit auch mit mehr Langsamkeit und Ruhe ausgeführt wird. Kleinigkeiten im Alltag bekommen mehr an Gewicht, wenn die Erzieherin sie einmal ganz bewusst in den Mittelpunkt stellt. Gerade Situationen, in denen erfahrungsgemäß häufig Stress auftritt, fordern zu mehr Achtsamkeit auf.

In asiatischen Ländern erinnern traditionell die Tempelglocken daran, in den gegenwärtigen Moment zurückzukehren. Alle Gespräche und Tätigkeiten werden für einen Moment unterbrochen, um inne zu halten und bewusst zu atmen. Meditationen unterstützen darin, zur Ruhe zu kommen. Sie tragen zur bewussten Entspannung bei, ermöglichen ein Sich-Einlassen auf sich selbst und die Kontrolle eigener Gedanken. Meditationen vitalisieren den Körper und je häufiger jemand meditiert, desto mehr Macht gewinnt er über seine Gedanken. Die eigene Entscheidung über negatives oder positives Denken wird spürbar.

Die Übung „Schokoladenmeditation" ist eine geführte Meditation. Sie unterstützt eine bewusste sinnliche Wahrnehmung und schult die Konzentration auf eine bestimmte Sache. Sie steht stellvertretend für viele kleine Momente, die ein wenig mehr Langsamkeit verdient haben, und eignet sich gut, um die laute und hektische „Mittagssituation" zu entspannen.

Die Schokoladenmeditation

Die Schokoladenmeditation macht Kinder auf das Thema Genuss aufmerksam

Die Schokolademeditation bringt Erwachsenen und Kindern ein Stückchen mehr an Bewusstheit in den Alltag. Ist es nicht so, dass Schokolade häufig wie ein Brot gegessen wird, abgebissen, zerkaut und anschließend heruntergeschluckt? Das ist nicht weiter schlimm und doch regt es dazu an, sich einmal näher dem Thema Genuss zu widmen.

Die Hektik des Alltags macht es notwendiger denn je, dem Genießen mehr Raum zu geben. Doch Genießen setzt ein Bewusstsein voraus. Genießen wird dann möglich, wenn etwas bewusst mit allen Sinnen wahrgenommen wird. Die Schokoladenmeditation ist eine Idee, das Thema Genuss mit den Kindern zu bearbeiten. Sie ist auch für Erwachsene eine Alternative zum unüberlegten übermäßigen Schokoladenverzehr. Auf jeden Fall probiert die Erzieherin selbst aus, wie es ist, ein Stück Schokolade genussvoll auf der Zunge schmelzen zu lassen, bevor sie die Kinder dazu anleitet.

Die Meditation ist als Nachtisch nach dem gemeinsamen Mittagessen besonders gut geeignet, kann jedoch jederzeit auch an anderer Stelle eingesetzt werden.

Schokoladenmeditation

Die Kinder setzen sich mit dem Rücken an eine Wand gelehnt bequem hin. Im Raum ist es ruhig. Die Erzieherin erklärt die Übung: „Heute gibt es einen ganz besonderen Nachtisch, ein Stückchen Schokolade. Ganz wichtig ist es, die Schokolade auf eurer Zunge liegen zu lassen, sie nicht mit den Zähnen zu zerbeißen. Die Schokolade soll in eurem Mund ganz langsam schmelzen. Ich verbinde euch gleich die Augen mit einer Augenbinde (oder Augen nur schließen). Ihr werdet dann alle einmal an der Schokolade riechen, die ich in der Hand halte. Wenn ich die Schokolade dann in euren Mund gelegt habe, hört ihr einfach zu, was ich sage."

Die Erzieherin spricht ruhig, langsam und deutlich: Du sitzt ganz bequem an der Wand. Deine Hände liegen ganz locker neben dir oder auf deinem Schoß. Deine Augen sind geschlossen. Atme tief ein und aus. Noch einmal, tief ein und aus, atme ganz ruhig weiter. Ich halte dir die Schokolade nun unter deine Nase und du wirst nur einmal riechen. Nun stelle dir vor, wie die Schokolade gleich in deinem Mund liegen wird. Spürst du schon jetzt den Geschmack, obwohl sie noch gar nicht da ist, spürst du, wie sich schon Spucke in deinem Mund bildet, weil du an die Schokolade denkst?

Deine Zunge bekommt jetzt gleich ganz besonderen Besuch, sie bekommt ein Stückchen Schokolade. Ich lege es nun ganz sanft auf deine Zunge. Lass die Schokolade für einen kleinen Moment ganz ruhig auf deiner Zunge liegen, bewege sie nicht. Ganz langsam spürst du, wie die Schokolade zu schmelzen beginnt, dein Speichel verbindet sich mit diesem Schmelz. Mmh, du genießt den Geschmack der Schokolade, deine Zunge bewegt sich nun ganz langsam, sie freut sich über den köstlichen Besuch. Der Schokoschmelz breitet sich in deinem ganzen Mund aus, deine Zunge streift an deinen Zähnen vorbei und du schluckst den Schmelz hinunter. Mmh, wie köstlich dieser Geschmack und da ist noch mehr geschmolzene Schokolade, sie ist in deinem gesamten Mund verteilt. Deine Zunge spürt alle Schokoladenspuren auf, die sich noch an deinen Zähnen und am Gaumen befinden.

Du schluckst noch einmal die letzten Reste hinunter. Deine Zunge führst du nun zum Schluss einmal über deine Lippen, vielleicht findet sich dort noch ein kleiner Schokoladenrest. Nun wird dein Zunge ganz ruhig. Sie liegt glücklich und zufrieden in deinem Mund. Und obwohl die Schokolade nun verschwunden ist, spürst du noch einmal nach, wie sie vorhin geschmeckt hat. Du erinnerst dich genau an den Kakaogeschmack, an den Schmelz, der sich in deinem Mund breit machte und wie du ganz langsam immer wieder ein bisschen von der weichen Schokoladenmasse hinuntergeschluckt hast. Mmh, es war köstlich, ein himmlischer Genuss.

Das war ein ganz besonderer Besuch, hoffentlich kommt er bald wieder. Atme noch einmal tief ein und aus und nimm dann langsam deine Augenbinde wieder ab und öffne deine Augen.

Die Kinder können sich über ihre Erfahrungen austauschen: „Die Schokolade war ganz voll in meinem Mund." „Ich fand das lecker." „Meine Zähne wollten auf die Schokolade beißen, aber ich hab' sie nicht gelassen!" „Mmh, die Schokolade hat geschmeckt und ist ganz matschig geworden." Es hat sich gezeigt, dass die Kinder nach einer solchen Schokoladenmeditation nicht wie sonst eher üblich um ein weiteres Stück Schokolade bitten. Der Genuss beeindruckt sie mehr als der sonst übliche Konsum.

Die Meditation lässt sich mit einem Gummibärchen, das sich allmählich im Mund auflöst, abwandeln. Diese Genussübung dauert sehr viel länger und erfordert ein besonderes Maß an Ausdauer und Konzentration.

Das Zähneputzen im Anschluss kann die vorherige Meditation noch unterstreichen. Die Kinder haben bewusst und intensiv wahrgenommen, dass sich der Schokoladenschmelz gerade auch zwischen den Zähnen ausgebreitet hat. Im Spiegel können sie zunächst ihre Zähne betrachten, um dann anschließend mit der Zahnbürste noch den letzten Rest der süßen Schokolade abzubürsten.

Augenblicke der Achtsamkeit

Der Alltag der Erzieherin ist mit vielfältigen Reizen ausgestattet, die es ihr nicht ganz leicht machen, achtsam zu sein. Trotzdem ist es möglich, ohne zusätzlichen Zeitaufwand Augenblicke der Achtsamkeit zu erleben. Achtsamkeit und Langsamkeit führen automatisch zu mehr Ruhe und Gelassenheit auch in anderen Situationen.

Augenblicke der Achtsamkeit

- Helfen Sie dem Kind ganz langsam beim Anziehen, auch wenn viele andere noch warten müssen.
- Gehen Sie ganz langsam mit den Kindern spazieren, bleiben Sie an den unendlich vielen Stellen stehen, an denen die Kinder stehen bleiben; atmen Sie dabei ganz bewusst ein und aus.
- Begrüßen Sie die Kinder, die morgens kommen, ganz bewusst mit einem Händedruck, einer Umarmung, einem Lächeln; verabschieden Sie sich ganz bewusst von jedem Kind, wenn es abgeholt wird.
- Essen Sie Ihr Frühstück/Mittagessen ganz langsam und bewusst. Lenken Sie die volle Aufmerksamkeit auf den Vorgang des Essens, indem Sie Bissen für Bissen wirklich schmecken und genießen und den Duft der Speisen wahrnehmen.
- Schnüren Sie die Schuhe des Kindes so langsam zu, dass Sie jede Nuance der Bewegung wahrnehmen.

- Wenn das Telefon klingelt, gehen Sie ganz bewusst und langsam zum Telefon, nehmen Sie ganz bewusst den Hörer ab, sprechen Sie ganz bewusst langsam.
- Wenn Sie den Computer einschalten, atmen Sie bewusst einige Male ein und aus.

Achtsamkeit kann ein Schutz sein. Sie ist ein Wegweiser, wie die Erzieherin im Alltag Stress reduzieren kann. Achtsam und wachsam zu sein, unterstützt sie darin, sich nicht ständig selbst immer weiter anzutreiben. Dies macht auch ein Zitat aus dem Talmud deutlich:

Gib auf dich acht
Achte auf deine Gedanken, denn sie werden Worte.
Achte auf deine Worte, denn sie werden Handlung.
Achte auf deine Handlungen, denn sie werden Gewohnheit.
Achte auf deine Gewohnheiten, denn sie werden Charakter.
Achte auf deinen Charakter, denn er wird dein Schicksal.

Ein Antistressjahr planen

Viele Kindertageseinrichtungen praktizieren ihre Arbeit an Hand einer jährlich oder halbjährlich festgelegten Planung. Diese Planung beinhaltet sämtliche Termine, die während des Jahres anfallen wie die Einladung der neuen Eltern und Kinder, die Elternabende, Feste und Feiern, die Besuch beim Bauern, die Spielnachmittage oder den Großelternnachmittag. Jedes Jahr aufs Neue heißt es an den so genannten Planungstagen, sich zu entscheiden, welche Aktionen, Projekte oder Veranstaltungen in dem jeweiligen Jahr stattfinden sollen und welcher zeitliche Rahmen dafür günstig erscheint.

Die jährliche Planung ist der beste Zeitpunkt, um im Vorfeld gezielt und bewusst, die Arbeitsinhalte auf eine mögliche Belastung hin zu überprüfen. Erzieherinnen wissen um ihre Belastungssituation, sie kennen die alltäglichen kleinen und großen Aufgaben, die sie zu bewältigen haben. Einige von ihnen haben auch körperliche und psychische Erschöpfungszustände kennen gelernt, die sie auf ihre Grenzen aufmerksam machen. Wenn Erzieherinnen also für eine Entkrampfung und Entmachtung von Stress im Kita-Alltag sorgen wollen, so ist neben der notwendigen persönlichen Einsicht und Bereitschaft eine gemeinsame Haltung im Team die Voraussetzung: „Ja, wir werden unser Kita-Leben so ausrichten und planen, dass wir der Freude in unserem Tun unsere Aufmerksamkeit schenken. Wir nehmen eine Kurskorrektur vor und sanieren unseren „Erzieherinnenhaushalt". Wir werden für ein positives, angenehmes und entspanntes Wohlfühlklima bei der Arbeit und damit selbst für weniger Stress sorgen. So können wir auch den Kindern und Eltern weniger gestresst begegnen."

Für eine Kurskorrektur im Sinne einer Stressreduzierung bietet nicht nur eine alternative Jahresplanung, sondern auch ein Überdenken und Reformieren des Tagesablaufs viele Ansatzpunkte. Mut und die Bereitschaft für Neues sowie eine gemeinsame Haltung nach Außen unterstützen nicht nur das Vorhaben Einzelner, sondern erleichtern die Umsetzung eines Antistressjahres in jeder Hinsicht. Hier steht nicht nur die Leiterin in der Pflicht, sondern es sind die Ideen eines jeden Teammitglieds gefragt.

Der reformierte Tagesablauf

Die Erzieherinnen bestimmen den Kita-Alltag. Es gibt gewisse Strukturen im Tagesablauf, die sich bewährt haben und die auch seit Jahren in den meisten Kindertageseinrichtungen ihren Platz haben. Dazu zählen die Freispielphasen, die Freispielangebote, das gleitende oder auch gemeinsame Frühstück, der Morgenkreis, der Mittagskreis, das Mittagsessen, die Mittagsruhe und das Spiel am Nachmittag, das wiederum manchmal mit besonderen Angeboten für die Kinder gestaltet wird.

Neben diesem mit vielen pädagogisch sinnvollen Lernfeldern ausgestatteten Morgen gibt es zahlreiche Angebote, die von Einrichtung zu Einrichtung unterschiedlich sind wie die Musikschule, die Sprachfördergruppe, die Tanzgruppe, die Yogagruppe oder die Englischgruppe. Hinzu kommen die von außen an die Erzieherinnen herangetragenen Arbeitsanforderungen, die in den Tagesablauf mit den Kindern integriert und schriftlich festgehalten werden müssen wie Beobachtungsbögen, Entwicklungsbögen und Sprachstandsverfahren.

Eine Erzieherin, die mit Kindern ausprobiert, fragt und entdeckt ist der beste Bildungsträger

Um der Arbeitsüberlastung Einhalt zu gebieten, kann es weiterhelfen, sich auf die Arbeitsinhalte zu konzentrieren, die veränderbar sind (→ Kap. 1). Und damit kommt wieder das Thema Bildung ins Spiel. Erzieherinnen sind die ausführenden Organe der Ansprüche an eine frühkindliche Bildung. Sie entscheiden darüber, wie sie Bildung gestalten und wie sie Bildung mit Kindern leben.

Erzieherinnen praktizieren seit langem eine integrierte Bildung, die in unendlich vielen kleinen Alltagssituationen stattfindet und dies tun sie schon lange bevor die öffentliche Diskussion darüber überhaupt entbrannte. Eine Erzieherin, die mit den Kindern auf naturkundliche Entdeckungstour geht, die in einem Waschraum kleine Experimente ausprobiert, die singend und tanzend immer mal wieder zählend in die Hände klatscht, die selbst aktiv im Beisein und in Zusammenarbeit mit den Kindern ausprobiert, untersucht, gestaltet, fragt, entdeckt, die sich selbst mit ihrer Lebensfreude, mit ihren Unzulänglichkeiten, mit ihren Stimmungen Kindern authentisch gegenüber zeigt und sich selbst gut kennt, ist der beste Bildungsträger, den es geben kann. Und wenn besorgte Eltern vor der Tür stehen und nach dem neuesten Grammatikkurs für ihre Kleinen fragen, dann kann die Erzieherin ihnen mitteilen, dass das gemeinsame Singen und ein Spaziergang in den Wald ihre Kinder mehr bilden als ein Kursprogramm.

Folgende Fragen können die Reformfreude aktivieren:

- Welche Situationen, Planungen, Vorhaben im normalen Tagesablauf können zugunsten von mehr Arbeitsfreude und mehr Arbeitslust verändert werden?
- Gibt es aufwändige Angebote, die durch weniger aufwändige ersetzt werden können?
- Reicht es aus, sich auf ein besonderes Förderprogramm zu konzentrieren?

- Muss die zeitaufwändige Kooperation mit einer externen Musikschule sein oder können die Eltern davon überzeugt werden, dass die praktizierte musikalische Früherziehung in der Kindertageseinrichtung denselben Erfolg hat?

Die etwas andere Jahresplanung

Mit einer alternativen Jahresplanung wirken Erzieherinnen einer Überfrachtung von selbst auferlegten Terminen entgegen. Am Planungstag haben sie es in der Hand, zurückzublicken und die Erfahrungen des letzten Jahres auszuwerten, um für sich und die Kinder Alternativen zu finden. So können sie neben der inhaltlichen pädagogischen Planung und den Terminabsprachen auch Raum für spontane Aktionen und attraktive Angebote wie den Besuch eines Kindertheaters berücksichtigen.

Hat sich ein Team für ein Antistressjahr entschieden, so kann es die Planung dafür durch die Übung „Jahresplanung" einleiten. Gebraucht werden Stifte und ein Flipchart.

Jahresplanung

Alle Teammitglieder sitzen um einen Tisch. Leise Instrumentalmusik spielt im Hintergrund und alle schließen die Augen. Leiterin: „Lasst noch einmal das ganze letzte Jahr Revue passieren, angefangen im Herbst, als die neuen Kinder kamen, bis heute. Welche positiven Erinnerungen habt ihr an bestimmte Projekte, Feste, Feiern oder Aktionen? Konzentriert euch nur auf die positiven Erinnerungen."

Nach 3–5 Minuten öffnen alle die Augen und die positiv erlebten Erinnerungen werden ausgetauscht und an das Flipchart geschrieben. Danach wird die gleiche Übung bezogen auf die negativen Erinnerungen durchgeführt und die negativ oder als belastend empfundenen Situationen neben den positiven Erinnerungen festgehalten. Die einzelnen Aktionen werden nicht alle Kolleginnen in gleichem Maße als positiv oder als belastend einschätzen. Dies ist für das weitere Vorgehen nicht relevant.

Im nächsten Schritt werden die Belastungssituationen genauer betrachtet. Dies kann sich an einzelnen Aktionen und Inhalten festmachen oder auch an der Vielzahl der Projekte. Im Anschluss stellt sich das Team die Frage, welche Inhalte in der Jahresplanung gar nicht wegzudenken sind bzw. sein müssen und ihren festen Platz im Programm behalten sollen. Das sind Termine wie der Nachmittag mit den zukünftigen neuen Eltern und Kindern, der geplante Schulbesuch mit den angehenden Schulkindern oder Elternabende.

Im letzten Schritt wird diskutiert, welche der eher negativ beurteilten Aktionen durch andere Maßnahmen ersetzen werden. Hierüber erzielt das Team eine Einigung im Mehrheitsverhältnis.

Zu den Belastungssituationen im Jahreslauf zählen meist die mit viel Aufwand ausgerichteten Aktionen wie das Laternenbasteln, die Weihnachtsfeier oder die Übernachtung mit den Schulkindern. Viele Erzieherinnen erwähnen auch die Vielzahl der Projekte und spüren noch einmal nach, dass sie sich oftmals gehetzt fühlen, weil ihnen ständig etwas anderes im Nacken sitzt und zusätzlich zum normalen Tagesablauf ihre Kräfte einfordert.

Diese Belastungssituationen können mit gesunden und sinnvollen Kompromissen entschärft werden und damit Ballast von jeder Erzieherin nehmen. Doch es fällt nicht nur Ballast von den Erzieherinnen ab, auch die Kinder werden von einfacheren und weniger zeitaufwändigen Alternativen profitieren, denn sie treffen auf entspannte, fröhliche, lustvolle und ausgeglichene Erzieherinnen, die den Kindern geduldig und einfühlsamer begegnen können und ihre fantasievollen und pädagogisch wertvollen Ideen umsetzen.

Laternenbasteln einmal anders

Die Erzieherin kann der Hektik des normalen Kita-Alltages bewusst mit stilleren, ruhigeren und sinnlicheren Aktionen entgegenwirken. Sie weiß aus Erfahrung, dass gerade das Laternenbasteln im Herbst nicht gerade ruhig und besinnlich abläuft, sondern eher mit einem großen Arbeitsaufwand und mit Hektik verbunden ist. Das Basteln von fünfundzwanzig Laternen bringt sehr viel Unruhe in die Gruppe, da jedes Kind individuelle Hilfe benötigt.

▶ **TIPP** Damit Erzieherinnen die Eltern nicht vor den Kopf stoßen, wenn sie das Laternenbasteln abschaffen möchten, ist es empfehlenswert, Alternativen vorzuschlagen:

- **Elternbastelaktionen** – am Schwarzen Brett hängt eine Liste der Eltern, die bereit sind, mit anderen Eltern und Kindern zu Hause in kleinen Gruppen eine Laterne zu basteln. Die Erzieherin unterstützt die Eltern bei dieser Situation und stellt Bastelvorschläge zur Verfügung. Der Kindergarten kann auch abends die Räume zur Verfügung stellen, wenn Eltern in Eigenregie eine Überraschungslaterne für die Kinder basteln.
- **Eine Riesenlaterne für die ganze Kita** – eine Kleingruppe stellt gemeinsam mit einer Erzieherin eine Riesenlaterne her. Hierzu kann z. B. ein überdurchschnittlich großer Karton in eine Drachenlaterne verwandelt werden. Einzelne Formen werden aus dem Karton herausgeschnitten und mit Transparentpapier hinterklebt. Die charakteristischen Zacken auf dem Rücken des Drachen werden ebenso aus Karton angefertigt wie das Maul und der Schwanz. Eine Lampe oder Lichterkette im Drachenkörper macht daraus eine beeindruckende Lichtquelle beim Laternenfest. Noch lebendiger wird der Drache, wenn ihn zum Trommeleinsatz eine Nebelmaschine beim „Nebelfeuerspeien“ unterstützt.

Nach einem gemeinsamen Laternenspaziergang treffen sich alle Kinder, Eltern und Erzieherinnen im Garten der Kindertageseinrichtung. Dort begeistern die Erzieherinnen (oder auch die Kinder und/oder Eltern) mit einer kleinen Aufführung der Laternengeschichte „Lumina“.

Die Vorbereitungen sind wenig aufwändig: Die Mitspieler sind ihrer jeweiligen Rolle (Kobold, Bär, Mond, Stern und Vogel) entsprechend verkleidet. Benötigt werden ein Mikrofon, eine große Laterne als Lumina und das „Licht der Freude“, z. B. eine fantasievoll geschmückte dicke Kerze oder eine besondere Laterne. Instrumentalmusik kann die Aufführung untermalen.

Die große Laterne Lumina ist Mittelpunkt der Geschichte. Eine Erzieherin spricht, während eine Kollegin den Zuschauern die Laterne Lumina zeigt: Die Laterne Lumina ist das wundervollste Licht auf der ganzen Erde, schaut, wie sie strahlt. Doch eines Nachts kommt ein gewaltiger Sturm auf (Sturmgeräusche einiger Stimmen im Hintergrund, ein paar Trommelschläge) und Lumina verliert ihr Licht (möglichst unauffällig erlöscht das Licht). Lumina ist traurig und macht sich auf die Suche, um ihr Licht wiederzufinden (sie geht hin und her, leise Instrumentalmusik im Hintergrund). Lumina trifft den kleinen Kobold, der tanzend an ihr vorbeihüpft. Sie fragt den Kobold, ob er ihr Licht gesehen hätte und der Kobold schüttelt mit dem Kopf: „Nein ich habe dein Licht nicht gesehen.“ Nach und nach erscheinen dann der Bär, der Mond, der Stern und der Vogel und alle werden in gleicher Weise nach dem verlorenen Licht befragt. Alle verneinen die Frage und Lumina ist noch einmal traurig, bis plötzlich das Licht der Freude auftaucht. Das Licht der Freude hat dann die Idee, ihr eigenes Licht mit Lumina zu teilen. Alle freuen sich, dass Lumina wieder leuchtet und der Kobold, der Bär, der Mond, der Stern und der Vogel, tanzen vor Freude.

Besinnliche Vorweihnachtszeit

Weihnachten ist die Zeit der Besinnung. Doch die Vorweihnachtszeit ist für Kinder wie auch für Erwachsene immer auch eine spannungsreiche Zeit, in der geheimnisvoll und in stimmungsvoller Atmosphäre alle aufs Christkind, auf den Weihnachtsmann und auf die Bescherung warten. Auch in der Kindertageseinrichtung geben sich die Erzieherinnen alle erdenkliche Mühe, die Wochen bis zum Fest mit den Kindern zu einem Erlebnis werden zu lassen. Die passenden Dekorationen, die sie mit den Kindern herstellen, verschönern die Räume und tragen zu einer zauberhaften Atmosphäre bei.

Erzieherinnen können auch die Vorweihnachtszeit mit ruhigen und (be) sinnlichen Aktionen gestalten. Sie können ihre bisherige Planung überdenken und nach Alternativen zur bisherigen Weihnachtsfeier suchen. Die Ausrichtung einer Weihnachtsfeier bedeutet erfahrungsgemäß Stress – auch für viele Eltern, denn sie geraten häufig terminlich ins Rudern: Sie sind auch noch zur Weihnachtsfeier des Geschwisterkindes in die Schule eingeladen, das jährliche Adventskaffeetrinken in der Nachbarschaft gehört zu ihrem Programm, der Nikolausumzug und die Nikolausfeier wollen besucht sein und die eigenen Weihnachtsvorbereitungen vereinnahmen sie ganz und gar.

▶ **TIPP** Wenn Erzieherinnen ein alternatives Programm für die Vorweihnachtszeit planen, ist es ist hilfreich, die Eltern darüber aufzuklären, wie die Weihnachtszeit in der Kita gestaltet wird. Dies schafft Transparenz und verhindert falsche Erwartungen. Und so kann die Erklärung an die Eltern formuliert sein: Wir werden die Vorweihnachtszeit mit besonders ruhigen und stimmungsvollen Momenten gestalten, von denen Sie sicherlich auch profitieren werden. Wir möchten gerade in der Vorweihnachtszeit hektische, stressige Situationen und Aktionen vermeiden. Dieses Jahr soll nicht eine Weihnachtsfeier im Mittelpunkt der Adventszeit stehen, sondern die Atmosphäre, das gemeinsame Erleben dieser besinnlichen Zeit.

Für einen bewussten Ausstieg aus dem weitverbreiteten Weihnachtsstress bieten sich folgende Alternativen an:

- **Einladung zur Adventsspirale** – die Erzieherinnen bereiten mit den Kindern eine Adventsspirale z. B. in der Turnhalle vor. Sie entsteht aus gebastelten Sternen, aus Efeu, aus Lichtern, aus Tannenzweigen oder anderen adventlichen Dekorationsmaterialien. Die Kinder gehen den Spiralenweg nacheinander ganz langsam und behutsam bis zur Mitte, um dort einmal die Augen zu schließen, inne zu halten und wieder zurückzugehen. Alle sind während der Übung still. Die Eltern werden vormittags oder nachmittags zu einer solchen Begehung eingeladen.

Bei instrumentaler Musik ist dies für Kinder wie für Erwachsene eine bewusste Übung, um Ruhe zu finden.

- **Der Lichterraum** – die Kinder gestalten mit den Erzieherinnen ganz unterschiedliche, fantasievolle Lichter. Da gibt es Gläser mit Teelichtern, die beklebt werden, Kerzen, die mit Wachs dekoriert sind, Riesenkerzen, die auf einem Bett mit Rosenblättern stehen oder Schwimmkerzen in einer großen Wasserschale. Die Lichter werden als Lichterausstellung in einem Raum aufgebaut. Jeden Tag kommen die Kinder (möglichst bei Dunkelheit) in diesem Lichterraum zusammen, um die Lichter zu betrachten. Das stille und ruhige Beobachten steht im Mittelpunkt dieser besinnlichen, meditativen Aktion. Auch hier gilt die Regel, still zu sein. Den Lichterraum können Erzieherinnen auch als einen außergewöhnlichen Adventskalender nutzen und z. B. hier jeden Tag eine kleine Lichtergeschichte erzählen. Eltern können ebenso in Kleingruppen eingeladen werden, um dort für einige Minuten Stille zu erleben.
- **Sternensuche** – Kinder sammeln, suchen und finden mit Leidenschaft. In der Vorweihnachtszeit können Erzieherinnen und Kinder gemeinsam auf Sternensuche gehen. Im Vorfeld hängt eine Erzieherin entlang eines bestimmten Weges immer mal wieder einen Stern in einen Baum oder an ein Gebüsch. Auf jedem Stern steht eine Aufgabe, die alle gemeinsam erfüllen sollen und zwar genau an der Stelle, an der der Stern gefunden wurde. Aufgaben können sein: ein Adventslied singen, ein weihnachtliches Fingerspiel zeigen, ein kleines Sternengedicht erfinden, ein Weihnachtsrätsel raten, ein Adventsplätzchen essen oder einen weihnachtlichen Duft riechen. Die gefundenen Sterne werden zum Dekorieren verwendet.
- **Die Reise zum Planet der Stille** – diese Reise kann die Erzieherin mit den Kindern allein oder gemeinsam mit Eltern durchführen. Sie erfordert nur geringen Aufwand: Ein abgedunkelter Raum wird mit Matratzen, Kissen oder Isomatten ausgelegt. In der Mitte steht eine Lichtquelle. Die Reise zum Planet der Stille führt zunächst zu verschiedenen Planeten, auf denen es jeweils eine Aufgabe zu erfüllen gibt. Diese Planeten können in den Gruppenräumen, Nebenräumen oder im Flur stationiert sein; wichtig ist die vorher festgelegte Reihenfolge. Es gibt z. B. den Planet der Sterne (hier wird gemeinsam getanzt, in die Hände geklatscht und gejubelt), es gibt den Planet der Engel (hier werden Namen für

Engel gesucht und aufgeschrieben), es gibt den Mondplanet (der „Mann vom Mond“ erzählt einen kleinen Mondtraum) und den Sonnenplanet (alle bilden eine Sonne, indem sie sich im Kreis mit den Köpfen zur Mitte auf den Rücken legen). Auf dem Planet der Stille angekommen lauschen alle in die Stille hinein.

Kinder bereiten eine Adventsüberraschung

- **Freudige Überraschung** – die Kinder verteilen in der Nachbarschaft vorweihnachtliche Freude. Vielleicht bekommen die Menschen einen Stern, ein Gedicht, eine kleine Geschichte oder einen Engelsgruß geschenkt. Kinder lieben es, andere zu überraschen und so mancher Anwohner wird erstaunt sein, dass diesmal keine Reklame, sondern ein adventlicher Gruß aus der Kindertageseinrichtung im Briefkasten liegt. Besonders beliebt ist der „Chor der Freude“ – eine Gruppe von Kindern zieht von Haus zu Haus und singt weihnachtliche Lieder.
- **Lichtmeditation** – im Raum ist es dunkel, im Hintergrund spielt leise Instrumentalmusik. Die Kinder liegen mit dem Rücken auf der Erde und halten eine kleine Taschenlampe in der Hand. Sie lassen dieses Licht zur Musik durch den Raum spazieren gehen. Die Lichter werden einander begegnen, sich voneinander weg bewegen und sich in kleinen und großen Gruppen treffen. Bei diesem Lichtspektakel gibt es zwei Regeln: Alle sind still und die Lichter bewegen sich so langsam wie es die Musik vorgibt.
- **Der Engel der Freude** – eine als Engel oder Nikolaus verkleidete Erzieherin begrüßt die Eltern morgens, wenn sie ihre Kinder in die Einrichtung bringen. Jeder erhält eine Rose mit den Worten: „Diese Rose soll dir heute einen ganz besonders freudigen Tag bringen.“ Eltern wertschätzen eine solche Form der Überraschung, schließlich sind himmlische Wesen nicht nur für die Kinder da.
- **In der Kirche** – Ruhe und Stille ist besonders in einer Kirche spürbar. Gerade in der Adventszeit kann die Kirche zu einem Erlebnis werden. Die Pfarrer sind meist erfreut darüber, wenn die Erzieherin mit ihnen einen Termin vereinbart, an dem die Kinder mit oder ohne Eltern und

die Erzieherin zu Gast sind. Manche Kinder haben noch nie eine Kirche von innen gesehen. Sie sind fasziniert, wenn sie den Altar, die Orgel oder die Sakristei begutachten dürfen. Wenn dann noch alle nacheinander eine Kerze anzünden, um sich z. B. dafür zu bedanken, dass sie einen lieben Freund haben, dass die Mama wieder gesund geworden ist oder dass die Erzieherin so lieb ist, dann erleben sie einen Einblick in die Welt des ideellen Reichtums.

- **Teeduft im Advent** – der Eingangsbereich einer Kindertageseinrichtung kann in der Adventszeit ein wohliger und einladender Treffpunkt werden. Dafür stehen drei oder vier Stehtische vor der Eingangstür, die mit Tischdecken, Kerzen und Efeu dekoriert werden. Jeden Morgen stehen dort verschiedene Teesorten bereit, die die Eltern kosten können. Weihnachtliche Instrumentalmusik stimmt alle auf das anstehende Fest ein. Auch Eltern können miteinbezogen werden und eine Kanne Tee oder selbst gebackene Plätzchen spenden.

Schulkindübernachtung ja oder nein

Es ist für die meisten Kinder ein Erlebnis, zum Abschluss ihrer Kindergartenzeit einmal dort zu schlafen. Nicht zuletzt aus diesem Grund wird diese Veranstaltung immer noch in vielen Kindertagesseinrichtungen praktiziert.

Es lohnt sich, den Aufwand einer solchen Aktion und die Nachwirkungen einmal im Hinblick auf das Thema Arbeitsüberlastung genauer zu reflektieren: Fakt ist, dass die Erzieherinnen in dieser Nacht keinen ausreichenden Schlaf bekommen, schließlich gibt es da die Kinder, die des Nachts Heimweh bekommen und zur „Mama möchten", es gibt jene, die einnässen und auch die, die um 1.00 Uhr nachts noch „gar nicht müde sind".

Die Erzieherinnen, die mit den Kindern übernachten, haben Anspruch auf Überstunden und diese fallen von Träger zu Träger unterschiedlich aus. Aber unabhängig von der Anzahl der anfallenden Überstunden, es sind zusätzliche Zeiten, neben den Urlaubs- und Krankenzeiten, in denen das Personal mit einer minderen Besetzung den Alltag meistern muss und dies bedeutet wiederum mehr Stress.

Eine Reform auch an dieser Stelle ist möglich und kann zu einer Stressreduzierung beitragen. Erzieherinnen können mit den Kindern in anderer Form einen Abschied gestalten, der ebenso ein Glücksgefühl vermittelt wie eine Übernachtung. Dies kann eine ganz besondere Aktion sein oder auch eine sehr persönliche und individuelle Forme der Verabschiedung wie der Kita-Entlassungsbrief:

- **Eine ungewöhnliche Ballonreise** – die Erzieherin hängt sieben nummerierte Ballons in der gesamten Einrichtung verteilt auf, in denen jeweils ein Zettel mit einer Aufgabe steckt. Die Schulkinder haben während der Ballonreise die Aufgabe, nach und nach die Ballons zu entdecken und in der richtigen Reihenfolge die Aufgaben zu lösen, z. B.:
  - Mit einem Buch auf dem Kopf durch den Raum gehen
  - An den Händen fassen und als lange Schlange durch die Einrichtung gehen
  - Ein Stück Schokolade essen
  - Mit geschlossenen Augen Stimmen erraten
  - Sich gegenseitig die Füße massieren
  - Von der Leiter auf eine Matte springen

  Ballon Nr. sieben gibt das Ziel der Reise bekannt, z. B. alle Schulkinder.
  - Gehen mit der Erzieherin Eis essen
  - Treffen sich im „Raum der Ballone", in dem unzählige Ballone zum Tanzen einladen
  - Treffen sich auf der Wiese und lassen ihren „Wünscheballon" in die Luft steigen.
- **Der Kita-Entlassungsbrief** – die Erzieherin gestaltet einen Stuhl mit dekorativen Stoffen in einen „Schulkindthron" um. Die angehenden Schulkinder sitzen im Kreis und nehmen nacheinander auf dem Thron Platz. Sie hören zu, wie die Erzieherin in feierlicher Atmosphäre den Kita-Entlassungsbrief vorträgt. Anschließend wird das Kind mit einem großen Applaus in die Zukunft verabschiedet.

  Und so könnte ein solcher Brief lauten: Liebe Lisa, ich erinnere mich noch sehr gut daran, als du zum ersten Mal in die Kita kamst. Du hast geweint und einige Tage lang habe ich dich jeden Morgen getröstet. Dann sind wir bald Freunde geworden. Mit deiner Freundin Jana hast du ganz besonders gerne am Basteltisch gesessen und wundervolle Kunstwerke hergestellt. Manchmal hast du deine Haare heimlich mit Glimmer bestreut und Fee gespielt. Lisa, du hast in der Kita ganz viel gelernt, du kannst sogar schon anderen Kindern eine Geschichte erzählen und hast eine Leidenschaft für das Tanzen entdeckt. Du hast mir erzählt, dass du später einmal Tänzerin werden möchtest. Vielleicht geht dein Traum ja in Erfüllung. Du bist ein liebenswertes Mädchen und ich mag dich so wie du bist. Ich werde mich gerne an dich erinnern, vor allem auch, weil du immer so lustige Spielideen hattest. Ich drücke dir die Daumen, dass du in der Schule viel Freude hast. Deine Erzieherin Katja

Unabhängig von der eigenen Entscheidung, dass eine andere Form der Verabschiedung Einzug halten soll, ist es hilfreich, die Veränderung den Eltern gegenüber klar und möglichst positiv zu formulieren: „Zum Kita-Abschluss haben wir für die Kinder eine ganz besondere Überraschung vorgesehen." Sollten Fragen zu der doch sonst üblichen Übernachtung kommen, kann die Antwort lauten: „Wir werden aus personellen Gründen eine solche Aktion nicht mehr durchführen, da uns sonst das Personal auf Grund der anfallenden Überstunden an anderen Tagen fehlt." Und wenn dann Frau Meier auftaucht, die von dem anderen Kindergarten berichtet, der das anbietet, oder Frau Müller, die das gar nicht verstehen kann, schließlich wurde das doch immer so gemacht, dann kann die Antwort lauten: „Das Team hat diese Entscheidung ganz bewusst getroffen und wir sind sicher, dass wir eine wunderbare andere Form der Verabschiedung mit den Kindern gefunden haben, lassen Sie sich einfach einmal überraschen."

▶ **TIPP** Bei Veränderungen im traditionellen Programm einer Kindertageseinrichtung kann es sehr nützlich sein, den Elternrat einzubeziehen. Wenn das Team die Elternratsmitglieder von dieser sinnvollen Veränderung überzeugen kann, dann kann dies die Aussage Eltern gegenüber noch bekräftigend unterstreichen: „Gemeinsam mit dem Elternrat haben wir Erzieherinnen für die zukünftigen Schulkinder eine ganz besondere Überraschung vorgesehen."

Für welche Form der Verabschiedung sich das Team auch immer entscheidet, zu beachten ist, dass diese mit wenig Aufwand und Umstand verbunden ist, denn schließlich geht es um eine wirklich entlastende Alternative. Denn eines ist sicher, auch mit weniger Aufwand können Erzieherinnen Kinder glücklich machen.

Begeisterung gegen Monotonie setzen

Aufwändige und zahlreiche Aktionen, Projekte und Alltagsangebote bestimmen die pädagogische Arbeit einer ehrgeizigen und fleißigen Erzieherin. Hinzu kommen die Teamsitzungen, die Gespräche mit Eltern und die Vorbereitungsphasen. Dies alles ist in einem gut ausgetüftelten Zeitplan für das Gesamtteam und für die Erzieherinnen in ihren Gruppen optimal organisiert. Trotz und gerade wegen dieser zahlreichen Tagesinhalte im Berufsalltag einer Erzieherin fällt die vorhandene Monotonie gar nicht mehr auf. Doch sie ist es, die unbewusst und ganz nebenbei neben dem hohen und oftmals selbst initiierten Alltagsstress ebenfalls zu einer unbefriedigenden Arbeitssituation der Erzieherin beitragen kann. Die Monotonie ist ebenfalls ein verbreiteter Stressfaktor in Kindertageseinrichtungen, dem es zu begegnen gilt.

Neben dem Alltagsstress gibt es gleichzeitig das Gefühl von Langeweile, von Stumpfsinn und von Eintönigkeit, mit dem die Erzieherin konfrontiert wird. Woher kommt das? Jahr für Jahr, Monat für Monat, Tag für Tag wiederholen sich bestimmte Arbeitsabläufe. Jedes Jahr gibt es die Eingewöhnung der neuen Kinder, die Vorbereitung der angehenden Schulkinder, jedes Jahr gibt es den Ausflug oder das Sommerfest, es gibt das jährliche Osterfest, die Weihnachtsfeier, die Elternabende oder die fünfundzwanzig Kindergeburtstage, die es zu feiern gibt. Jeden Tag gibt es den Morgenkreis, das Frühstück mit den Kindern, die Spielaktionen, das Aufräumen, das Mittagessen und die Ruhezeit.

Die Erzieherin kann dem Gefühl von Eintönigkeit und Langeweile ein Schnippchen schlagen, ohne dabei die notwendigen Rituale und Regelmäßigkeiten zu missachten. Die Monotonie ist ein weiterer Ansatzpunkt, im Kita-Alltag etwas zu verändern.

Gestaltungsspielräume sind zum Nutzen da

Die oben beschriebenen Arbeitsinhalte sind weder unpädagogisch noch in irgendeiner Form minderwertig. Manche sind auch gar nicht wegzudenken, sie sind zum festen Bestandteil einer jeden Jahresplanung geworden, nicht zuletzt, weil sie durch ihren rituellen Charakter eine besondere Bedeutung für die Kinder haben. Ein geregelter Tagesablauf auch mit sich wiederholenden Situationen ist äußerst wichtig für alle. Und dennoch, der Gestaltungsspielraum einer Erzieherin ist größer als der eines jeden anderen Berufszweiges. Wenn es darum geht, dass Kinder ihr Kreativitätspotential entfalten sollen, dann können auch Erzieherinnen ihr eigenes Kreativitätspotenzial ganz bewusst lebendig werden lassen.

Dies widerspricht nicht einer Rücksichtnahme auf das, was Eltern erwarten oder vielleicht gewohnt sind. Eine Erzieherin, die ihrer eigenen Kreativität mehr Raum gibt, kann auch Eltern damit begeistern und so manche festgefahrene Erwartungshaltung von Eltern auflösen. In erster Linie profitieren jedoch die Kinder, denn sie selbst können nur das Spielangebot nutzen, das ihnen zur Verfügung steht. Einfache neue und lustige Spieleinlagen sorgen für Abwechslung und wirken der Langeweile entgegen. Spielen und Singen sind wichtige Inhalte des Arbeitstages. Leidenschaft, Begeisterung und Freude, die ein gemeinsames Spiel begleiten, lassen dies zu einem Erlebnis werden. Ein Spiel braucht das Feuer, ein Spiel braucht Fröhlichkeit, ein Spiel braucht die Lebendigkeit. Monotonie und Langeweile haben keine Chance, wenn die Erzieherin mit ihrer kraftvollen und mitreißenden Stimme die Kinder zum Singen animiert.

Eigene Begabungen und Vorlieben wie das Singen und Musizieren gestalten den Arbeitsalltag fröhlich und lebendig

An dieser Stelle rückt wiederum die Erzieherin in den Mittelpunkt. Ihr meist außerordentlich ausgeprägtes Pflichtbewusstsein, ihr soziales Engagement und ihr Arbeitseifer zeichnen sie aus. Doch auch ihre eigenen Vorlieben und Interessen sollen mehr Spielraum im pädagogischen Alltag bekommen. Bisher orientierten sich die Arbeitsinhalte der Erzieherin an den Erwartungen der anderen. Es sind die Erwartungen der Träger, der Eltern, der konkurrierenden Kindertageseinrichtungen und nicht zuletzt der Kinder.

Der situationsorientierte Ansatz hat viel dazu beigetragen, dass die Erzieherin sich selbst mit ihren vielseitigen Talenten auf den Rückzug begeben hat. Während Erzieherinnen der älteren Generation mit einem pädagogischen Handwerkszeug wie einer Auswahl an Liedern, kleinen Geschichten, Fingerspielen und Tänzen ausgerüstet waren und damit die Kinder auch heute noch in den unterschiedlichsten Situationen in ihren Bann ziehen, sind die jüngeren Kolleginnen in ihrer Ausbildung dazu aufgefordert worden, sich eher am Spiel des Kindes zu orientieren und aufgrund gemachter Beobachtungen das Spiel zu fördern. Beide Ansätze haben ihre Berechtigung und können wunderbar kombiniert werden. Die persönlichen Fähigkeiten, Begabungen und Vorlieben der Erzieherinnen haben jedoch eine ebensolche Berechtigung – nicht zuletzt, um den Alltag für die Erzieherinnen und für die Kinder fröhlich und lebendig zu gestalten.

Die Sogtechnik zieht Kinder und Kolleginnen mit

Was wäre, wenn die Erzieherin, die leidenschaftlich gerne malt, im Vormittagsverlauf ganz spontan die Malutensilien aufbaute, die Tapetenrollen oder Leinwände ausbreitete und zu malen begänne? Was wäre, wenn die sportliche und bewegungsfreudige Kollegin sich aus lauter Leidenschaft jeden Morgen auf die Wiese stellen würde und zur Musik ihren Körper in Schwung brächte? Was wäre, wenn die musikbegeisterte Mitarbeiterin ihre Gitarre nähme, weil sie einfach Spaß daran hat, und anfinge zu singen? Was wäre, wenn die tanzinteressierte Erzieherin in der Turnhalle einfach zu tanzen begänne, weil sie gerade so viel Freude verspürt? Was wäre, wenn die naturverbundene Erzieherin dann, wenn sie die Lust darauf verspürt, mit einigen Kindern loszöge, um den Wald zu erkunden? Was wäre, wenn die Kollegin, ein Talent im Handarbeiten, zu stricken anfinge? Was wäre, wenn die so unglaublich kreative Kollegin sich ohne pädagogischen Hintergedanken und ohne Vorabplanung verkleidete und in die Rolle einer Fee schlüpfen würde, um von ihrem Feen-Dasein zu berichten? – Die Kinder wären begeistert. Sie würden mitsingen, mittanzen, mitmalen oder

der Fee in ihr Reich folgen und die Kolleginnen würden von der Motivation der Kollegin angesteckt.

Kinder

Wenn sich die Eigeninitiative einer Erzieherin an dem orientiert, was sie liebt, lässt sie dies ihre eigene Fröhlichkeit, ihre eigene Freude und ihren Frohsinn spüren. Und wenn diese überaus lebensbejahenden Stimmungen wie Funken auf die Kinder überspringen, dann ist Leben da, dann wird leidenschaftlich und mit Herz eine Form der Bildung praktiziert, die sich von dem, was von außen erwartet und aufdiktiert wird, gewaltig abhebt. Diese Form der Bildung ist ansteckend, weil die Erzieherin sich selbst zu einem lebendigen Vorbild macht. Ein solches Tun reißt mit, begeistert und hat eine regelrechte Sogwirkung.

Erzieherinnen, die mit einer solchen Sogtechnik arbeiten, erleben ganz bewusst sich selbst. Nicht das Funktionieren eines Spiels und der damit verbundene Bildungseffekt stehen im Vordergrund, sondern die spielerische Seite wird lebendig und kann ihre positive Wirkung auf die Bildung von Kindern entfalten ohne jeglichen Erwartungsdruck. Aktive und fantasievolle Spielinhalte verhindern so, dass der Alltag öde, stupide und langweilig wird.

Die Pädagogik vom Kind aus bleibt auf jeden Fall Mittelpunkt. Die Sogtechnik soll vielmehr als Experiment oder auch als Zugabe verstanden werden, der Fröhlichkeit und Lebendigkeit des Spiels wieder mehr Raum zu geben. Es ist eine von vielen Möglichkeiten, Einfluss auf einen eher monotonen Arbeitsalltag zu nehmen. Der unnachahmlichen Geduld der Erzieherin, die zum x-ten Mal die Puzzleteile zusammensetzt, gebührt eine Auszeit.

▶ **TIPP** Wenn Erzieherinnen ihre Vorlieben und Gaben im Kita-Alltag ausleben und deren Sogwirkung auf die Motivation von Kindern nutzen wollen, ist es ratsam, dies im Vorfeld im Team zu besprechen, um Irritationen zu vermeiden.

„Kreativität ist [...] eine Lebenskompetenz, die den Menschen befähigt, in den verschiedensten Alltagssituationen mit Originalität und Flexibilität, Verstand, Gefühle, Denken und Handeln selbstbewusst einzusetzen – mit dem Ziel einer fantasievollen, individuellen Lebensgestaltung und der Fähigkeit, Lösungen für kleine und große Probleme zu finden. Aber Kreativität ist nicht unbedingt mit einer Lösung verbunden. Auch das zweckfreie Umgehen mit Fantasie, mit Imagination und schöpferischem Handeln gehört dazu.“ (Greine, 2006)

Kreativität steckt in jeder Erzieherin und sie soll die Chance bekommen, lebendig zu werden. Die Kinder sind bei ihr bestens aufgehoben. Sie werden auf diese Weise nicht stereotyp nach Plan und Vorschrift gebildet. Sie erleben Bildung vielmehr auf eine unnachahmlich menschliche Weise – und dies stellt keineswegs in Frage, dass Kinder sich selbst bilden. Doch eine Erzieherin, die ihr Selbst, ihr Ich den Kindern offenbart, ist eine authentische Erzieherin und damit für die Kinder das beste Vorbild.

Erzieherinnen leben mit den Kindern, sie fühlen mit den Kindern und tauschen mit ihnen Gedanken aus. Sie genießen mit ihnen den Tag, gestalten, verändern und organisieren ihn gemeinsam. So werden Erzieherinnen für Kinder zu lebendigen Bildungsträgern. Sie sind Vorbild mit ihrer eigenen Neugier, mit ihren Interessen, mit ihrer Motivation des miteinander Entdeckens, des miteinander Erfindens, mit ihren Fragen, denen sie nachgehen, mit ihren Gefühlen, die sie ausdrücken, mit ihrem Sosein in verschiedensten Situationen.

Erzieherinnen haben ein fundiertes Fachwissen, doch im Kontakt mit Kindern ist ihr Wissen um eine zwischenmenschliche Beziehung ebenso bedeutsam. Erzieherinnen müssen weder etwas besser wissen, noch etwas besser machen. Wenn die Erzieherin Kinder in ihrem Innersten berührt, mit Worten, mit Körperkontakt, mit gemeinsamen Erlebnissen, mit freudigen und lustigen, mit traurigen und ernsten, dann findet Bildung statt. Eine solche Bildung ermöglicht es dem Kind, Selbstmotivation und Eigenengagement zu entwickeln, den Umgang mit unvorhersehbaren Situationen zu erproben und seine Identität zu finden.

Es geht darum, Kindern ein Bewusstsein von sich, ihrer Umwelt und der Gemeinschaft zu geben, in der sie leben. Eine angemessene Bildungsatmosphäre findet sich im miteinander gelebten und gestalteten Alltag mit all seinen reizvollen und auch weniger reizvollen Facetten, mit seinen Ereignissen, seinen Ritualen, seinen liebevollen Begegnungen und erprobten Auseinandersetzungen. Bildung passiert, wenn die Erzieherin präsent ist, wenn sie dem Kind ab und zu „ihr Wissen ausleiht“ als so genannte Kompetenzleihgabe, wenn sie Muße und Ruhe möglich macht und wenn sie sich selbst im Kontakt mit dem Kind spürt.

Kinder spüren, wenn eine Erzieherin so tut als ob, sie merken, wenn die Erzieherin lustlos den Bären, den Elefanten oder die Maus beim Memoryspiel sucht. Erzieherinnen können sich noch so anstrengen, dies zu überspielen, es scheint, als würden Kinder in ihr Herz blicken können.

Kolleginnen

Die Monotonie im Arbeitsalltag der Erzieherin will gesehen werden, damit die Begeisterung für Veränderung wachsen kann. Die Erzieherin selbst entscheidet darüber, ob sie Langeweile und Eintönigkeit oder Freude, Zufriedenheit, Begeisterung und Leidenschaft in ihrem Beruf erleben und pflegen möchte. Doch wer motiviert die Erzieherin, sich aufzuraffen und etwas Neues zu wagen? Bei all den von außen auferlegten Aufgaben vergeht die Lust, sich weiterzubewegen. Doch diese Lust gilt es zu wecken und damit rückt auch wieder die Verantwortung in den Blickpunkt. Sie ist der ständige Begleiter der Erzieherin, die sich selbst in den Mittelpunkt stellt.

Lob und Anerkennung von außen sind wichtig für das eigene Selbstwertgefühl und für eine mögliche Leistungssteigerung. Ihre Wirkung verpufft jedoch leider schnell und führt zu einer beständigen Suche nach neuer Anerkennung, um die Motivation aufrechtzuerhalten. Bleibt die Anerkennung von außen aus, so erlischt meist auch die Motivation. Umso wichtiger ist die Konzentration auf das persönliche Motivationspotenzial, das in jedem Menschen steckt.

Die Selbstmotivation ist für die Erzieherin von größtem Nutzen, denn sie führt sie unabhängig von äußeren Bestätigungen zur eigenen Höchstform, schließlich sind die Ziele, die sie verfolgt, ihre eigenen. Die Selbstmotivation kann mit Affirmationen aktiviert werden.

Affirmation zur Selbstmotivierung

„Ja ich will meinen Arbeitsalltag verändern. Ich warte weder auf die Gesellschaft noch auf die Politik, die endlich meinen Berufsstatus aufwerten soll. Ich warte nicht auf die Eltern, die endlich meine Arbeit anerkennen sollen. Ich warte auch nicht auf die Wertschätzung meiner Vorgesetzten und nicht auf die meiner Kolleginnen. Ich allein kann und will meine Arbeitswelt verändern. Nur wenn ich das in Angriff nehme, kann ich durch meine eigene Veränderung eine Veränderung all derer beeinflussen, von denen ich mir etwas anderes wünsche."

Die Erzieherin kann sich selbst motivieren, indem sie sich in all ihren Aufgaben selbst bestätigt, indem sie den kleinen Schritten im Arbeitsalltag ihre Aufmerksamkeit schenkt, statt ihrem Anspruch an eine perfektionistische Leistung nachzujagen, und indem sie sich immer mal wieder für eine besonders gelungene Aktion selbst belohnt. Sich die kleineren und größeren Erfolge bewusst zu machen, wenn sie z. B. einen gelungenen Bericht über die Entwicklung eines Kindes geschrieben habt oder eine fantasievolle Aktion großen Anklang bei den Kindern fand, stärkt überdies das Selbstwertgefühl. Kleine Selbstbelohnungen könnten folgendermaßen aussehen. Ich:

- Stelle mir eine Rose auf meinen Schreibtisch
- Schreibe eine meiner liebsten Affirmationen auf und hefte sie an die Tür, damit ich sie eine Zeit lang immer wieder lesen kann
- Tanze vor Freude zu fetziger Musik und rufe „ich freue mich" und andere dürfen ruhig meiner Freude zusehen
- Genieße in einer Kurzpause meinen kleinen Erfolg bei einer Tasse Tee und erzähle vielleicht einer Kollegin davon
- Spreche zu mir selbst: „Das hast du super gemacht, du bist klasse."

Motivation ist Trainingssache und ein motivierter Mensch ist zu erkennen an seiner aufrechten Körperhaltung, an seiner deutlichen, klaren Stimme und an der Wortwahl. Statt vielleicht, man könnte, ich müsste, sagt er: „ich werde..." Eine tägliche Übung vor dem Spiegel unterstützt den Vorsatz, sich zu verändern.

Spiegelaffirmation
Schauen Sie mit aufrechter Körperhaltung in den Spiegel und sagen Sie sich z. B. den Satz: „Ich werde heute eine neue Spielidee ausprobieren“

Eine motivierte Erzieherin wird ihre Kolleginnen mit ihrer Motivation anstecken. Und so kann eine einzige Kollegin eine ganze Motivationsinvasion in Bewegung setzen, wenn sie mit Selbstüberzeugung spricht: „Ich weiß, dass das ein Superprojekt wird, ich spüre das, ich habe schon folgende Idee dazu …“ Sie übt mit ihrer eigenen Motivation und Begeisterung eine Sogwirkung aus, die ihre Kolleginnen mitzieht.

Es ist zu empfehlen, mit kleinen Schritten anzufangen und jeden Tag eine Kleinigkeit zu verändern. Die folgende Liste unterschiedlichster Ideen lädt zum Experimentieren mit kleinen Veränderungen während des ganz normalen Tagesablaufes ein:

- Ein neues Lied singen
- Ein neues Spiel ausprobieren
- Ein Experiment mit Kindern durchführen, das ich selbst nicht kenne
- Den ganzen Vormittag draußen verbringen
- Einen Tag ganz bewusst leise sprechen
- Einen Tag bewusst alles langsamer machen
- Ein Tag ohne Regelspiele
- Ein Tag ohne Anordnungen und Befehle
- Einen Tag Geschichten aus meinem Kinderleben erzählen
- Eine halbe Stunde nur flüstern
- Komische Fantasiefragen stellen, die zu komischen, fantasievollen Antworten einladen
- Als Fee oder Königin, als Zauberer oder Roboter verkleiden und in dieser Rolle einen Vormittag verbringen
- Sich auskitzeln lassen
- Nur mit einer Farbe malen
- Mit einem Kind für eine Weile die Rolle tauschen
- Eine verrückte Geschichte erfinden und erzählen

- Einen neuen Spielbereich einrichten
- Den Frühstückstisch einmal ganz außergewöhnlich dekorieren.

Der Monotonie gilt es nicht nur im Arbeitsablauf mit den Kindern entgegenzuwirken, sondern auch in der Zusammenarbeit im Team. Auch hier gibt es kleine Ideen, wie Erzieherinnen aus der Lethargie eines eintönigen Teamalltages ausbrechen können. Für die nächste Sitzung:

- Für eine Woche einen anderen Platz im Personalraum besetzen
- Einen Antistress Tee kochen
- Jeder trägt sein Lieblingsgedicht vor
- Eine Danke-Runde einbauen
- Eine Zukunftsvision für die Kita 2020 kreieren
- Alle Sorgen aus dem Leib schütteln nach Musik
- Eine Runde nach fetziger Musik tanzen, bevor die Besprechung beginnt
- Eine Geschmacksprobe mit geschlossenen Augen machen und raten, was alles darin ist
- Eine Positiv-Runde erleben; jeder sagt zu Beginn einen positiven Satz
- Zwischendurch für fünf Minuten eine Pause mit tiefen gemeinsamen Atemübungen gestalten, stumm bleiben und Entspannungsmusik hören.

Empfehlenswert sind außerdem kleine Überraschungen der Kolleginnen untereinander wie zwischendurch einen warmen Tee bringen, die Lieblingsschokolade in die Tasche stecken, ein Kompliment aufschreiben und von einem Kind bringen lassen, eine Blume verschenken, ein Saftbuffet in der Küche für alle aufstellen, in die Küchenschränke kleine Sprüche legen, in den Kühlschrank eine Flasche Sekt stellen und darauf schreiben: An alle, heute feiern wir nach Dienstschluss, weil Dienstag ist.

Sprachfantasie wirkt anregend

Der eigene Sprachgebrauch kann ebenfalls unter dem Gesichtspunkt der Monotonie betrachtet werden. Eine fantasievolle Sprache belebt die Beziehungen untereinander.

Frieda, 4 Jahre alt, kommt zur Erzieherin und zeigt ihr ein Bild. Erkennen kann man darauf einige Formen, mal sind sie eckig, mal rund, mal sieht es eher ein wenig nach einem kindlichen Gekritzel aus. Frieda hat alles in Rot gemalt, nur in einer Ecke befindet sich ein blauer Fleck. Es scheint, als hätte Frieda ihn ganz bewusst extra dick ausgemalt. Die Erzieherin, die gerade dabei ist, Philipp etwas zu erklären, bemerkt Frieda und spricht: „Ich möchte mir dein Bild gleich ansehen, bitte warte hier, ich spreche gerade noch mit Philipp." Frieda setzt sich auf den freien Stuhl neben die Erzieherin und hört derweil dem Gespräch mit Philipp zu. Nach einigen Minuten schaut die Erzieherin zuerst Frieda an und blickt dann auf ihr Bild: „Was macht denn der blaue Fleck dort oben in der Ecke, hat er sich verlaufen?" Frieda grinst und antwortet: „Das ist Bruno, mein Hund, der ist weggelaufen." Die Erzieherin fragt weiter: „Na, was willst du denn jetzt unternehmen, wenn er weggelaufen ist?" Frieda lacht, nimmt das Bild und ruft beim Weggehen, „den suche ich jetzt, gleich finde ich ihn." Frieda setzt sich mit ihrem Bild an den Maltisch…

Frieda ist eines der zahlreichen Kinder, die im Laufe des Vormittages der Erzieherin ihre Kunstwerke zeigen. Das Beispiel macht deutlich, wie einfühlsam und fantasievoll Sprache sein kann. Die Erzieherin zeigt Interesse am kindlichen Werk und trifft mit ihren Äußerungen die Seele des Kindes, was die Gestik und Mimik des Kindes deutlich zum Ausdruck bringen.

Die Erzieherin, die der Qualität ihres Sprachgebrauchs viel Aufmerksamkeit schenkt, wirkt einer Sprachmonotonie entgegen. Der Sprache kommt in der pädagogischen Arbeit aus gutem Grund ein so hoher Stellenwert zu, sodass heute manchmal ein Förderprogramm das nächste jagt – und wie immer ist die Erzieherin mittendrin, wenn es heißt, diese Projekte zu initiieren und zu gestalten. Manch ein Sprachprojekt mag notwendig und sinnvoll sein, doch nichts ist der Sprachentwicklung eines Kindes förderlicher als eine ausgezeichnete Alltagssprache der Erzieherin (→ Kap. 2) und möglichst viele Sprachanlässe.

Fragen zur Selbstreflexion können sein:

- Wie rede ich?
- Wie werde ich verstanden?
- Stimmt meine Körpersprache mit dem, was ich sage, überein?
- Wie ist mein Tonfall?
- Wie hört sich meine Stimme an?
- Wie wäre es, wenn ich mich einmal von der einen oder anderen Kollegin auf diese Fragen hin beobachten lasse?

Beobachtungskarussell
In einem Beobachtungskarussell sind die Namen aller Kolleginnen aufgeführt. Reihum beobachtet jede Erzieherin jede ihrer anderen Kolleginnen einmal im Hinblick auf das Thema Sprache. Im Anschluss an die Beobachtung teilt die Erzieherin ihrer Kollegin ihre Beobachtungen mit. Voraussetzung für ein solches Karussell ist das Einverständnis aller Teilnehmerinnen.

Die folgenden Anregungen können für die Erzieherinnen eines Teams ei ne Herausforderung sein.

- Einen Tag lang verwenden wir die Begriffe „schön“ „toll“ „gut“ und „prima“ nicht; was passiert?
- Wir stellen ganz bewusst originelle Fragen, die die Kinder zu originellen Antworten herausfordern.
- Wir achten einen Tag lang darauf, dass wir den Kindern mit Worten, Gestik und Mimik aufmunternd und wertschätzend begegnen.
- Wir deklarieren eine Tag zum „Tag der Freundlichkeit“, zum „Zuhörtag“, zum „Lass-mich-Ausreden-Tag“, zum „Tag des Lächelns“, zum „Tag der Komplimente“ oder zum „Danksage-Tag“. Wichtig ist hier die notwendige Information an die Eltern, schließlich sollen auch sie von solchen Ideen profitieren.
- Einen Tag lang unterstreichen wir das, was wir sagen, ganz bewusst mit unserer Gestik und Mimik.

- Wir schenken ganz besonders den Kindern die Aufmerksamkeit, die sprachlich besonders zurückhaltend sind.

Echtes Leben ist erwünscht

Dieses Kapitel konfrontiert Erzieherinnen mit einer außergewöhnlichen Herausforderung. Es handelt von einer konzeptionellen Veränderung, die das Arbeitsfeld einer Erzieherin grundsätzlich neu aufleben lassen könnte und jegliche Monotonie zerstören würde. Vielleicht ist dies nur eine Vision, vielleicht beschreibt dies aber auch ein Stück nahe Zukunft. Eigentlich bräuchte es nur ein paar reformfreudige Erzieherinnen.

Immer mehr Kinder verbringen heute mehr Zeit in der Kindertageseinrichtung als zu Hause. Wie wäre es, wenn die Einrichtung so ausgestattet wäre wie ein „echtes Zuhause“, das die realen und natürlichen Abläufe des Lebens zum Mittelpunkt des Alltages hat? Statt mit künstlichen Sonderwelten, in denen Kinder heute aufwachsen, würden sie sich mit der realen Welt auseinandersetzen können. Was wäre, wenn eine echte funktionsfähige Küche zum Kochen vorhanden wäre, statt der Miniaturküche aus Holz in der Puppenecke? Was wäre, wenn es mehr Gartenland und Gartenwerkzeuge gäbe, statt Sandspielzeug und Außenspielgeräte? Was wäre, wenn es eine gemütlich eingerichtete Wohnküche gäbe, vielleicht mit einer Eckbank zum regelmäßigen Beisammensein, zum gemeinsamen Erleben, zur gemeinsamen Einnahme von Mahlzeiten statt der üblichen Spielräume? Was wäre, wenn Erzieherinnen mit den Kindern das Mehl mahlen, das Brot selber backen, die Kräuter ernten, das Obst pflücken und den Saft pressen würden, statt während einer Exkursionen beim Bäcker oder beim Bauern zuzuschauen? Was wäre, wenn die Erzieherin weniger mit den Kindern spielen, basteln und malen und stattdessen mit ihnen mehr Zeit verbringen würde bei alltäglichen und ernsthaften Garten- und Küchenarbeiten? Was wäre, wenn die Erzieherin das Essen als solches mit allem, was dazu gehört, angefangen von der Zubereitung bis zum Verzehr, zum Mittelpunkt des Kita-Alltags machen würde? Diese Idee ist im Vergleich zu den vorgeschlagenen kleinen Veränderungen im Alltag eher eine revolutionäre Idee und sie erfordert nicht nur Mut und Risikofreude, sie macht eine konzeptionelle Veränderung nötig und ist gleichzeitig mit Kosten verbunden. Ist dies möglich? Die momentane, stressbeladene Situation in Kindertageseinrichtungen jedenfalls stimmt nachdenklich.

Es gibt schon seit längerem eine aktuelle Diskussion, die sich mit den Themen gesunde Ernährung und ausreichende Bewegung beschäftigt. Das Gesundheitsbewusstsein von Kindern soll so früh wie möglich gefördert werden. Diese Ansätze sind ausgezeichnet und in den meisten Einrichtungen gibt es viele Projekte, die sich mit diesen Themen auseinandersetzen. Doch meist fokussieren Projekte zum Thema Ernährung im Rahmen einer Gesundheitsförderung auf gesunde und ungesunde Lebensmittel. Gesunde Lebensmittel allein halten jedoch nicht gesund. Ernährung impliziert ebenso das Nähren als solches und das, was den Menschen nährt, ist ein gesundes Verhältnis zu sich selbst und zu seinen Mitmenschen.

In den meisten Kindertageseinrichtungen sieht es so aus: Morgens gibt es neben einem Frühstück, das die Kinder von zu Hause mitbringen oder das in der Einrichtung als Buffet ausgerichtet wird, einen Obstteller, der mit viel Raffinesse und künstlerischem Geschick Kleingeschnittenes anbietet. Während Kinder morgens noch das mitgebrachte Nutellabrot verzehren, erfahren sie nachmittags, wenn die Frau vom Gesundheitsamt kommt, was zu einem gesunden Partybuffet gehört.

Immer mehr Kinder bekommen mittlerweile mittags eine Mahlzeit. Diese wird als Lunchpaket mitgebracht oder aber vom Cateringservice in die Einrichtung geliefert. Es ist paradox, während zwischendurch immer wieder gesundheitsfördernde Projekte starten, bekommen Kinder mittags ein Essen zugeführt, das Stunden vorher in Wärmebehälter gefüllt wurde, um dann im schlimmsten Falle matschig und lauwarm die Teller zu füllen. Dies liegt nicht in der Verantwortung der Erzieherin und die Einflussmöglichkeiten sind meist begrenzt, wenn der Cateringservice vom Arbeitgeber bestellt wird. Meist weisen diese Gerichte weder die Vitamine noch die Ballaststoffe auf, von denen die Erzieherin den Kindern erzählt hat.

Die Personalsituation in einer Kindertageseinrichtung kommt noch verschärfend hinzu, denn zur Betreuung der Mittagessenszeit steht oftmals nur eine Erzieherin zur Verfügung. Der Esstisch wird so leicht zum Stresstisch: Da heißt es Tisch decken, Essen verteilen, Münder abwischen, füttern, Kinder zum Essen ermuntern, Essensreste einsammeln, Streitgespräche schlichten und zwischendurch zuhören oder erzählen lassen. Diese Situation ist in vielen Einrichtungen vergleichbar mit einer Abfütterungsaktion. Die Erzieherin selbst ist meist gar nicht in der Lage, selbst etwas zu essen, und wenn sie dies tut, dann meist mit vielen kleinen Unterbrechungen. Den meisten Erzieherinnen ist diese Mittagssituation zu stressig, als dass sie hier mitessen möchten. Viele Erzieherinnen atmen auf, wenn sie das Mittagessen mit den Kindern wieder einmal gemeistert haben.

Es spielt eine große Rolle, wie gegessen wird, und wenn dies in Hektik geschieht, dann bedeutet das auch Stress für das Verdauungssystem – für Erzieherinnen und Kinder gleichermaßen. Genuss, innere Entspannung und eine angenehme Atmosphäre bei den gemeinsamen Mahlzeiten tragen dagegen zum Stressabbau bei und fördern den Gruppenzusammenhalt.

Dem Anspruch an ein bereicherndes Gemeinschaftserlebnis, an einen Kita-Alltag mit „echtem Leben“ kann durch ein alternatives Konzept, wie es oben beschrieben wurde, entsprochen werden und einige Einrichtungen sind schon auf dem besten Weg dahin. Sie haben auf Honorarbasis eine Köchin eingestellt und die Kinder sind im Wechsel dabei, wenn es heißt, schneiden, reiben, rühren und abschmecken. Auch gibt es immer mehr Gärten, in denen Obst, Gemüse und Kräuter gehegt, gepflegt und geerntet werden. Der Anfang ist gemacht.

5 Noch mehr Ideen für mehr Entspannung und Arbeitsfreude

Trotz der vielen Möglichkeiten der Konfliktbewältigung und eines angemessenen Umgangs damit, gibt es sie immer wieder, die ungelösten Probleme unter Mitarbeiterinnen und die Spannungen im Team. Sie vermischen sich mit dem hohen Erwartungsdruck an den Erzieherinnenberuf und drücken auf die Seele. Konflikte werden lieber unter den Tisch gekehrt, weil neben dem anstrengenden Arbeitstag eine Auseinandersetzung mit den Kolleginnen zu anstrengend erscheint. Nicht zu vergessen sind die privaten Anforderungen, die es zu bewältigen gilt.

Körperliche Aktivität und Stress sind biologisch eng verknüpft. Bleibt bei anhaltend erhöhter Belastung körperliche Aktivität aus, macht Stress krank. Körperliche Bewegung, Sport und Fitnesstraining unterstützen darin, gelassener zu werden. Der Mensch wird belastbarer und nimmt sich viele anstrengende Situationen nicht mehr so sehr zu Herzen. Wenn die Erzieherin keine Zeit hat, Sport zu treiben, hat sie die besten Voraussetzungen, um dies während ihrer Arbeitszeit zu tun (→ Kap. 4).

Neben der Vielzahl an sportlichen Aktivitäten, gibt es eine Reihe von systematischen Methoden der Entspannung, die gezielt am Organismus ansetzen. Sie basieren auf wissenschaftlich fundierten Erkenntnissen. Dazu zählen z. B. das Autogene Training, Yoga, Taijiquan, Qigong, die Progressive Muskelentspannung oder die Entspannung nach Jakobsen. All diese Methoden führen bei regelmäßiger Anwendung zu einer Senkung des Erregungsniveaus, zu einer Erhöhung der Belastbarkeit und zum Abbau von bereits bestehenden psychosomatischen Beschwerden. Erzieherinnen wissen um die angebotene Entspannungsvielfalt zu der unzählige Bildungsträger einladen. Wenn die Zeit für derartige fest terminierte Veranstaltungen nicht reicht oder die Motivation dafür nicht vorhanden ist, dann gibt es auch für den Kita-Alltag eine Reihe wirkungsvoller Entspannungsmomente, die ganz einfach in den Alltag zu integrieren sind.

Rituale schaffen Arbeitskultur

Im Arbeitsleben tragen Rituale zu einer guten Arbeitskultur bei. Rituale geben Halt und ein Gefühl der Sicherheit. Sie beziehen sich auf einen bestimmten Ort und eine bestimmte Zeit. Folgende Beispiele skizzieren das Spektrum:

- **Präsente Begrüßung** – Begrüßungen von Kolleginnen untereinander fallen oftmals sehr spartanisch aus, ein flüchtiger Morgengruß ist eher die Regel. Präsenz während der morgendlichen ersten Begegnung mit jedem einzelnen Teammitglied stärkt und intensiviert die Beziehungen untereinander. Die Mitarbeiterinnen begrüßen sich z. B. in einer bestimmten, gemeinsam festgelegten Form mit bewusstem Blickkontakt, bewusstem Anlächeln oder vielleicht einem kleiner Smalltalk. Die präsente Begrüßung ist auch als Ritual bei der Begrüßung der Kinder geeignet.
- **Überraschungsfrühstück** – reihum überrascht eine Mitarbeiterin einmal im Monat an einem festgelegten Termin ihre Kolleginnen mit einem Frühstück. Eine halbe Stunde trifft sich dann jeweils eine Kollegin aus

jeder Gruppe am Frühstückstisch. Tritt zum abgesprochenen Termin ein Personalengpass ein, wird das Frühstück als Buffet aufgebaut, an dem sich jeder bedienen kann.

- **Feedback-Runde** – kontinuierliche Rückmeldungen fördern die positiven Kontakte der Mitarbeiterinnen untereinander. Offenheit schafft Vertrauen. Jede Teamsitzung beinhaltet eine Feedback-Runde. Hierzu stellen sich die Teilnehmerinnen in einen Außen- und einen Innenkreis auf, sodass sich jeweils zwei Personen gegenüber stehen. In zwei kurzen Sätzen gibt jeder jedem eine Rückmeldung, wobei nicht die Anklageform, „Du hast ... falsch gemacht.“, sondern die Wahrnehmungsform angewandt wird. Beispiel: „Ich habe dich letztens dafür bewundert, wie du mit der Familie Meier geredet hast.“ Die bewusst eingesetzte Feedback-Runde schließt nicht aus, sich auch im Alltag weiterhin untereinander Rückmeldungen zu geben. Auch mit Kindern kann man solche Runden in angemessener Form ausprobieren. Es kann für sie nicht nur ein Ritual werden, sondern ist gleichzeitig eine ausgezeichnete Sprachförderung.

Pausen erzeugen Kraft

Nach zwei Stunden Arbeit sinkt die Leistungskurve. Pausen müssen im Arbeitsleben ihren festen Platz haben, auch wenn es so scheint als könnte dies im Kita-Alltag nicht möglich sein. Es gibt einen Unterschied zwischen einer passiven und einer aktiven Pause. In den passiven Pausen findet eine geistige und körperliche Erholung statt, während die übrigen Arbeitstätigkeiten ausgeschaltet werden. Die aktive Pause bedeutet, für eine Zeit eine weniger anstrengende Arbeit auszuführen:

- **Aktive Pause** – ein Kind lernt Rücksichtnahme, wenn die Erzieherin sich kurz auf einen Stuhl setzt, um dort z. B. etwas zu schreiben und dem Kind signalisiert, in diesem Moment habe ich einmal keine Zeit für dich. Aktive Pausen könnten auch gemeinsame Entspannungsübungen oder Stilleminuten mit den Kindern sein, wenn alle auf dem Boden liegen, die Augen schließen und für kurze Zeit abschalten. Hier ist die aktive Pause für Erzieher und Kinder gleichermaßen wirksam, denn es findet auf diese Weise eine körperliche und geistige Erholung statt.

- **Passive Pause** – die vorgeschriebenen Pausenzeiten reichen bei Weitem nicht aus, um die notwendige Konzentration, Geduld und vor allem Motivation aufrecht zu erhalten. Fünfminütige Passivpausen lassen sich auch im Kita-Alltag mit Leichtigkeit einplanen. Voraussetzung dafür ist die einheitliche Absprache im Team, vor allem aber mit der jeweiligen Kollegin in der Gruppe, denn passive Pausen sind nur außerhalb der Gruppe ohne Kinder möglich. Passive Pausen sollen spontan und flexibel gehandhabt werden, entsprechend der Situation in der Gruppe. Die Kolleginnen wechseln sich ab.

▶ TIPP Auch bei der passiven Pause ist die bewusste Haltung zum Pausenerlebnis wichtig, damit sie die erhoffte geistige und körperliche Erholung bringen kann. Es empfiehlt sich weniger ein „Herumgammeln“ als vielmehr:

- Kurz die Beine an der frischen Luft zu vertreten und Sauerstoff zu tanken
- Den Körper zu strecken und zu recken
- In der Ruheecke im Personalraum die Beine hoch zu legen und mit dem Kopfhörer (Instrumental)Musik zu lauschen.
- Sich vor ein Fenster zu stellen und bewusst den Baum, die Wiese oder dergleichen zu betrachten
- Den Körper durchzuschütteln und gedanklich alle Sorgen, alles Belastende abzuschütteln.

Selbstgespräche machen Mut

In Stresssituationen kommen manchmal Gedanken wie „Wie soll ich das denn noch schaffen?“, „Das hab ich ja noch nie gemacht, das kann ich doch gar nicht.“ oder „Ich fühle mich schrecklich.“ auf. Solche negativen Selbstgespräche sind belastend und machen mutlos. Auch in anstrengenden und herausfordernden Situationen ist es hilfreicher, positive Selbstgespräche zu führen, denn sie machen Mut und spornen an. Wer positive Selbstgespräche führt, konzentriert sich auf das, was er tun will und nicht auf das, was er auf keinen Fall tun möchte. Beispiele für positive Selbstgespräche sind:

- Ganz ruhig, eins nach dem anderen, niemand jagt dich.
- Es ist in Ordnung, dass ich etwas missverstanden habe.
- Ich bin mir meiner Haltung und Einstellung dem Thema gegenüber sicher, auch wenn andere anders darüber denken.
- Ich lasse mich auf das Gespräch ein, werde zuhören und abwarten, worum es wirklich geht; es kann mir nichts passieren.
- Ich weiß, dass ich es gut kann.

Humor bringt Leichtigkeit

Lachen ist gesund, führt es doch zu einer vertieften Atmung und versorgt den Körper dadurch mit mehr Sauerstoff. Lachen baut auch Stress ab und die freigesetzten Endorphine wirken sich positiv auf das Wohlbefinden aus. Mit ein wenig Humor betrachtet kann so manche anstrengende Situation in einer Kindertageseinrichtung mit Leichtigkeit entkrampft werden. Ideen für ein humorvolles Arbeiten sind:

- Die Witze-Runde, jeder Mitarbeiter erzählt einen Witz
- Der Besuch eines Lachyogatrainers in der Teamsitzung
- Öfters mal einen Scherz machen und das Albernsein zulassen; auch Erwachsene sind gerne mal wie die Kinder
- Verrückte Dinge tun und andere damit zum Lachen bringen, z. B. sich einfach eine Perücke aufsetzen und durch die Kita gehen – nicht nur die Kolleginnen werden ihren Spaß haben.

(Erstveröffentlichung der oben dargestellten Praxisanregungen in: klein&groß, Ausgabe 5/2007, Seite 42–44. © 2008 Oldenbourg Schulbuchverlag GmbH München.)

Regeln fördern eine positive Teamhaltung

Feste Regeln unterstützen und bestärken das Verantwortungsgefühl eines jeden in einer Gruppe. Sie reduzieren mögliche Missverständnisse und ersparen unnötige Diskussionen. Sie definieren und unterstützen den positiven Umgang miteinander. Oftmals gibt es unausgesprochene, in stillem Einvernehmen ausgehandelte Regeln. Sinnvoll sind Regeln, die gemeinsam ausgehandelt, festgelegt und auch aufgeschrieben werden. Sie sollen auf jeden Fall positiv formuliert sein. Die Teamregeln hängen im Personalraum für alle gut sichtbar aus. Das Einhalten der Regeln wird in regelmäßigen Abständen gemeinsam überprüft und reflektiert. Es geht hierbei nicht um ein persönliches Zurechtweisen, sondern um eine bewusste, positive Teamhaltung, die sich jeder im Laufe eines Prozesses zu eigen machen kann.

▶ **TIPP** Drei klare Teamregeln sind meist ausreichend für die Entwicklung einer positiven Teamhaltung:

- Wir akzeptieren einander so wie wir sind. Jeder von uns hat Stärken und Schwächen.
- Wir äußern unsere Kritik in verständlicher, respektvoller und freundlicher Sprache demgegenüber, dem sie gilt.
- Wir geben uns untereinander regelmäßig einmal in der Woche gegenseitige positive Rückmeldungen während des Teamgespräches.

Eine Auszeichnung schenkt Wertschätzung

Wer wird „Erzieherin des Jahres“? Es gibt so viele bewundernswerte geplante und spontane Aktionen, die die Erzieherinnen im Laufe ihrer Arbeitsjahre gemeinsam mit den Kindern, mit den Eltern oder auch mit den Kolleginnen durchführen. Tolle Idee, heißt es dann und schon geht man wieder zur Tagesordnung über. Die Idee wird nicht genügend wertgeschätzt, nicht bewusst gefeiert und die dafür verantwortliche Erzieherin bekommt zu wenig Wertschätzung.

Erzieherin des Jahres
Alle besonderen, einmaligen Ideen im Laufe eines Jahres werden an der Personalraumwand gesammelt. Die Erzieherin schreibt ihre eigenen Idee dort hin oder auch die, die sie bei der Kollegin entdeckt hat. Die Kolleginnen bringen Klebepunkte hinter den Aktionen an, die sie als besonders bemerkenswert, spannend und pädagogisch gelungen empfinden. Am Ende des Jahres wird die Erzieherin mit der höchsten Punktezahl besungen und beklatscht. Sie hat drei Wünsche frei, die das Team ihr an Ort und Stelle erfüllt, z. B. „Am nächsten Morgen möchte ich mit einem kleinen Minifrühstück bedient werden.“, „Ich wünsche mir von dir, Petra, dass du für mich morgen die Geburtstagfeier mit den Kindern gestaltest.“ oder „Ich wünsche mir von dir, Karin, dass du in der nächsten Mittagspause meinen Nacken massierst.“

Auf diese Weise finden eine Selbstwertschätzung und gleichzeitig eine Fremdwertschätzung statt. Die Visualisierung ermöglicht, dass alle einen Überblick behalten, was alles im Laufe des Jahres ganz nebenbei und meist zusätzlich zum eigentlichen Plan stattgefunden hat.

Ein Freispieltag macht Lust auf Veränderung

An einem Tag im Monat gibt es einen Freispieltag, an dem die Erzieherin „nur“ mit den Kindern spielt. Es gibt nur die Dinge, die die Kinder zum Spiel vorfinden und keine besonderen Angebote oder Projekte. Wie fühlt es sich an, wenn ich nicht so aktiv, so anspruchsvoll, so ehrgeizig bin? Halte ich es aus? Kann ich eine solche Chance zulassen? Wenn alle Mitarbeiterinnen sich für einen solchen Tag im Monat ohne schlechtes Gewissen entscheiden, dann sorgen sie für ein Stückchen Gelassenheit, für mehr Entspannung und für mehr Genuss. Nicht zuletzt werden die Kinder begeistert sein, die nicht zu irgendeiner Aktion aufgefordert werden, nur weil es Dienstag 10.30 Uhr ist.

Die „Geburtstagsschaukel“ bringt Glückwünsche

Der Geburtstag einer Erzieherin wird in den meisten Einrichtungen mit den Kindern in der Gruppe gefeiert mit Liedern und Spielen in einem Stuhlkreis. Das Geburtstagskind spendiert dann den Kolleginnen noch einen Kuchen oder ein paar belegte Brötchen und nimmt das obligatorische Geburtstagsgeschenk entgegen, wofür vorher im Team ein entsprechender Geldbetrag eingesammelt wurde. Allein das Sammeln des Betrages ist mit einem Zeitaufwand verbunden und in einem großen Team kann dies auch sehr lästig sein. Anstelle eines materiellen Geschenkes gibt es eine etwas andere Möglichkeit, das Geburtstagskind zu ehren.

Geburtstagsschaukel

Die betreffende Erzieherin legt sich auf eine Decke. Die Kolleginnen fassen rundherum an und heben auf diese Weise das Geburtstagskind hoch. Zu einer Instrumentalmusik im Hintergrund bewegen sie die Kollegin in der Schaukel hin und her. Reihum verschenkt jedes Teammitglied sein Geschenk: sein Lob, seine Wertschätzung oder seine Bewunderung für etwas. „Du bist eine sehr fantasievolle Erzieherin.“, „Ich schätze an dir, dass du so einfühlsam mit den Kindern umgehen kannst.“, „Ich bewundere deine Geduld mit den Eltern.“, „Ich mag es, wenn du mich mit deiner guten Laune ansteckst.“ Jede Erzieherin darf so viele Komplimente verschenken, wie sie mag.

Ein Wort im Kalender ermöglicht Entspannung

Ein Termin jagt den nächsten, auch im Planungskalender des Teams. Der Eintrag „Ruhe“, vielleicht am Donnertag von 15.00–15.15 Uhr, macht die Situation bewusst und ist gleichzeitig eine Herausforderung, für Entspannung zu sorgen: Was sollen wir denn dann machen? Wir reden einfach einmal gar nicht. Dürfen wir so etwas überhaupt? Wir haben doch so viel zu tun, das geht doch gar nicht. Oder doch?

Ein Fragen-Flipchart bringt Entspannung

Eine Teamsitzung kann auf ganz ungewöhnliche Weise beginnen: Jede Erzieherin klebt einen Briefumschlag an das Flipchart, in dem sie eine Frage an das Team formuliert hat, die nichts mit dem Alltag in der Einrichtung zu tun hat. Vor jeder Teamsitzung wird eine Frage vorgelesen. Wer sie als erstes beantworten kann, bekommt einen Punkt. Alle Punkte werden bis Jahresende von einer Kollegin gesammelt. Die Siegerin erhält einen besonderen Preis. Fragen könnten sein: Wer kann ganz spontan eine Kurzgeschichte von einem Huhn erzählen? Wer kann ganz spontan einen Witz erzählen? Wer kennt ein Rätsel? Wer weiß, wann die nächsten Bundestagswahlen sind? Wer kann am längsten auf einem Bein stehen?

Lobkarten animieren zu mehr Lob

In jeder Teamsitzung gibt es Lobkarten. Sie sind im Vorfeld angefertigt worden und enthalten z. B. ein Lob für ein gelungenes Elterngespräch, für die fantasievolle Aktion mit den Kindern, für das besondere Engagement, für die Hilfsbereitschaft, für die Offenheit oder ein Lob für das Verständnis. Ganz bewusst wird im Team offen darüber abgestimmt, welcher Kollegin das entsprechende Lob gebührt.

Ein Bild visualisiert die Gemeinschaft

Auch über die Kunst kann sich ein Team näher kommen. Statt miteinander zu reden, kann eine gemeinsame Kunststunde die Einzigartigkeit eines jeden unterstreichen und die Gemeinschaft, die sich bildet, transparent machen.

Eine viereckige Leinwand wird mit einem Bleistift in gleich große Vierecke eingeteilt entsprechend der Anzahl der Erzieherinnen eines Teams. Die Leinwand liegt auf einem Tisch, auf dem verschiedene Arcrylfarben, Pinsel und Wasserbecher bereit stehen. Jede Erzieherin malt nun eines der Felder so aus, wie sie es möchte. Alle Teilnehmerinnen achten darauf, ihre Grenzen einzuhalten. Das fertige Bild findet dort seinen Platz, wo es die Erzieherinnen immer mal wieder bewusst betrachten können.

Ein „Lichtbad" stimuliert das Wohlgefühl

Farben können die Stimmung beeinflussen. Die Farbe gelb ist die Farbe der Sonne. Sie stärkt die Nerven, wirkt anregend auf das Drüsen- und Lymphsystem und hat unter anderem einen aufheiternden Effekt. Unzufriedene Menschen können mit Hilfe einer Bestrahlung mit der Farbe Gelb ihre Laune verändern. Mit einem Lichtbad kann jeder selbst sein Wohlgefühl stimulieren.

Lichtbad

Die Augen schließen und sich vorstellen, dass die Farbe Gelb von oben nach unten durch alle Körperteile fließt, bis sie den ganzen Körper durchströmt. Dabei bewusst langsam und gleichmäßig atmen.

Eine kleine Morgengymnastik läutet den Tag ein

Bewegung wirkt sich ebenfalls positiv auf die Stimmung aus. Schon eine kleine Bewegungseinheit regt an und kann die Laune verändern.

Morgengymnastik

Alle Teammitglieder stehen im Kreis und führen Folgendes aus. Ich:

- Stehe morgens mit dem richtigen Fuß auf (einen Fuß nach vorne setzen)
- Öffne das Fenster meiner Seele (beide Hände von der Brust aus nach außen führen)
- Verbeuge mich vor allem, was liebt (nach vorne verbeugen)
- Wende mein Gesicht der Sonne entgegen (nach oben schauen)
- Springe ein paar Mal über meinen Schatten (hin und her hüpfen)
- Lache mich gesund (laut lachen).

Ein „Mudra“ gibt Kraft und Stärke

Ein buddhistisches Mudra (symbolische Handgeste) ist eine Übung, die das seelische Wohlbefinden verbessert und Energie bringt für den Tag.

Buddhistisches Mudra

Die Innenflächen der Hände im Abstand von ein bis zwei Zentimetern aneinander legen, sodass man die Wärme der Hände noch spüren kann. In dieser Position ein bis fünf Minuten verweilen.

Eine Atemübung schenkt positive Energie

Atemübungen können den Körper kräftigen und reinigen. Sie versorgen ihn gleichzeitig mit positiver Energie.

Atemübung

Einatmen und anschließend mit dem Daumen der rechten Hand den rechten Nasenflügel schließen und durch das linke Nasenloch ausatmen. Dann durch das linke Nasenloch einatmen und anschließend den linken Nasenflügel mit dem rechten Ringfinger schließen. Kurz den Atem anhalten. Danach den Daumen lösen und durch das rechte Nasenloch ausatmen. Dies im Wechsel wiederholen, bis man sich entspannt und glücklich fühlt.

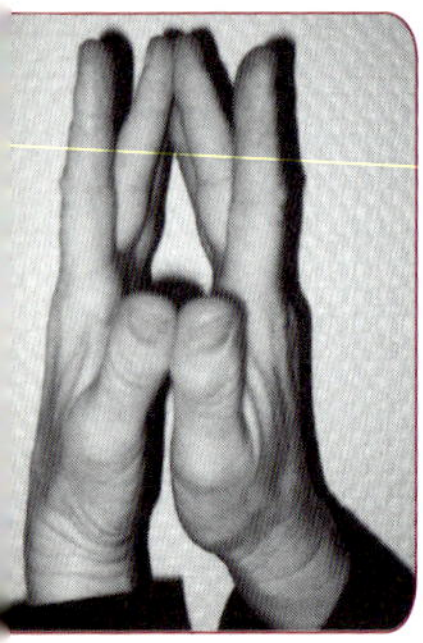

Ein „Mudra“ gibt mehr Harmonie

Ein indisches Mudra sorgt für ein wenig mehr Harmoniegefühl: Daumen, Mittel- und Ringfinger beider Hände werden aneinander gelegt, die anderen Finger sind gestreckt. Die Hände werden drei Minuten in der Stellung gehalten.

Ein Mudra (symbolische Handgeste) aus dem Yoga.
Sie stimuliert ein Gefühl der Harmonie

Akupressur hilft gegen Ermüdungserscheinungen

Akupressur kommt aus der traditionellen chinesischen Medizin. Erzieherinnen können sie z. B. bei Ermüdungserscheinungen nutzen, um wieder fit zu werden. Bei der Akupressur werden bestimmte Punkte am Körper massiert.

Punktmassage

Der Punkt, der gegen Ermüdungserscheinungen hilft, ist der so genannte „Palast der Arbeit". Er sitzt zwischen den Knöcheln des Zeige- und Mittelfingers. Mit der linken Hand beginnen und den Punkt mit dem rechten Daumen 30 Sekunden in kreisenden Bewegungen massieren. Dann dasselbe an der rechten Hand wiederholen. Nach einer einminütigen Pause die Massage noch einmal an beiden Händen durchführen.

Eine Wundertüte bringt allen eine Überraschung

Die Wundertüte kennt so manch einer vielleicht noch aus der Kindheit. Sie war gefüllt mit Puffreis und einer kleinen Überraschung in Gestalt eines Plastikspielzeugs. Erzieherinnen können sich selbst im Team mit Wundertüten etwas Gutes tun. Dazu werden die Namen aller Teammitglieder jeweils auf einen Zettel geschrieben und anschließend wählen alle einen Namen aus. Für die betreffende Kollegin bereitet nun jeder eine Wundertüte vor. Sie enthält z. B. ein Gedicht oder einige Aphorismen, etwas Süßes, ein geschriebenes Kompliment, einen Mut- oder Glücksstein, einen kleiner Kalender, ein Foto oder ein Bild, eine mit lieben Worten beschriebene Ansichtskarte, einen persönlichen Brief an die Kollegin, getrocknete Rosenblätter mit einem Stück Seife, eine Einladung zum Glas Wein, zur Tasse Kaffee oder Tee, eine kleine Kerze, ein besonders Rezept, einen Gold- oder Silberstift oder ein selbst gedichtetes Lied über die Kollegin. Die Wundertüte kann zum Einsatz kommen nach einem gelungenen Kita-Fest, vor dem gemeinsamen Betriebsurlaub, als gegenseitige Weihnachtsüberraschung oder zum Monatsende. Der Vorteil der Wundertüte ist, dass alle gleichzeitig mit einer Kleinigkeit überrascht und gegenseitig beschenkt werden.

Eine Losekiste weckt die Neugierde

Lose ziehen macht Spaß und eignet sich für die unterschiedlichsten Situationen. Gemeinsam sammelt das Team Ideen für einen Losgewinn und schreibt die Ideen auf kleine Zettel. Sie kommen z. B. zum Einsatz beim Geburtstag einer Kollegin, als Bestärkung für eine Kollegin, die sich besonders engagiert hat oder der etwas Besonderes gelungen ist oder zur Aufmunterung einer Kollegin, die sich gerade in einer besonders anstrengenden Lebenssituation befindet.

Als Gewinn eignen sich z. B. eine Stunde Pause extra, ein Überraschungsfrühstück zubereitet von der jüngsten/ältesten Kollegin, eine Rose von jedem Teammitglied, ein freier Tag vom Küchen- oder Mittagsdienst, ein von der Leiterin zubereiteter Obstsalat, eine fünfminütige Hand- oder Nackenmassage ausgeführt von der dafür selbst ausgesuchten Kollegin oder den Lieblingskuchen gebacken von einer ausgewählten Kollegin. Nieten gibt es nicht.

Eine positive Rückmeldung stimmt glücklich

Über jemanden und von jemandem zu reden, der nicht anwesend ist, das ist im Alltag mehr oder weniger üblich. Über jemanden lobenswert und anerkennend zu reden, der anwesend ist, das ist eine Herausforderung und kann allen Beteiligten Spaß machen. Der Zuhörer bekommt auf ungewöhnliche Weise Lob und Wertschätzung, die Sprechenden üben sich in positiver, offener Rückmeldung.

Positives Gerede

Alle Erzieherinnen sitzen um einen Tisch. Die Erzieherin, über die geredet wird, schließt die Augen und hört genau zu, was man sich über sie zu erzählen weiß. Und so könnte ein Gerede verlaufen: „Ich mag ihre witzige Stimme." „Oh ja, ich finde auch, dass Marias Stimme irgendwie witzig ist, gestern hat sie der Frau Muster geduldig zugehört und dabei hat sie das Thema gar nicht interessiert." „Ja, das kann die Maria gut, zuhören." „Wenn sie über ihre Kinder in der Gruppe spricht, dann ist dies meist sehr liebevoll." „Das habe ich auch schon mitgekriegt." „Ich schätze sie als Kollegin sehr, weil man sich auf sie verlassen kann." „Das finde ich auch." Jedem tut es gut, wenn er einem solchem Gerede lauschen darf.

Eine Überraschung unter dem Teller sichert eine lustige Gesprächsrunde

Für ein gemeinsames Essen oder eine gemeinsame Kaffeerunde ist der Tisch gedeckt. Wie selbstverständlich richtet sich dann die Aufmerksamkeit darauf, dass sich jeder eine der angebotenen Speisen auf seinen Teller legt. Aber auch unter dem Teller kann etwas liegen, etwas, das vorher als Überraschung dort hingelegt wurde. Ein Gedicht, ein Glückspfennig, ein Witz, ein Rätsel, ein Foto oder ein Rezept. Irgendwann wird der erste der Tischgruppe seinen Teller hochheben, vielleicht dann, wenn er sich genüsslich zurücklehnt, um sein Stück Kuchen in dieser Position weiter zu essen. Auf jeden Fall werden dann nach und nach auch die anderen Teller aus Neugierde hochgehoben und eine lebhafte Gesprächsrunde ist gesichert.

Die Macht der Dankbarkeit gibt inneren Reichtum

Es ist selbstverständlich, sich für ein Geschenk zu bedanken; auch ein Kompliment kann Anlass für ein Danke sein. Im Stillen und mehr oder weniger unbewusst bedanken wir uns häufiger mit einem „Gott sei Dank." Das Gefühl der Dankbarkeit gibt der Erzieherin Kraft, es stärkt ihr Wohlbefinden und schenkt ihr inneren Reichtum. Die Erzieherin kann sich bedanken für:

- Den Spaß, den sie heute mit den Kindern hatte
- Das Verständnis, dass die Kollegin gezeigt hat
- Die Hilfsbereitschaft der Eltern
- Die Ideen, die das Team entwickelt hat
- Den Rückhalt des Vorgesetzten.

Wunschzettel machen Wünsche wahr

Zur Weihnachtszeit schreiben alle Teammitglieder anonym oder offen ihre Wünsche für die gemeinsame Arbeit auf. Jeder Wunsch steht auf einem Zettel. Nach und nach werden alle Wünsche an die Wand geheftet, wo sie für alle lesbar sind. Je nachdem, wie offen die Teammitglieder miteinander umgehen, können die Wünsche allgemein formuliert oder auch ganz konkret an eine Kollegin gerichtet sein. Wichtig ist, dass alle Wünsche positiv formuliert sind, z. B. ich wünsche mir, dass:

- Wir die Weitergabe von Informationen beachten
- Karin Ordnung im Personalraum hält
- Ihr mir mehr Rückmeldungen gebt
- Wir alle einmal gemeinsam essen gehen
- Wir uns gegenseitig unterstützen.

Ob der ein oder andere Wunsch erfüllt wird, hängt von jedem Einzelnen im Team ab.

Atmen verbindet mit dem Sein

Die Konzentration auf eine tiefe Ein- und Ausatmung kann im Alltag zur bewussten Entspannung beitragen. Die Erzieherin tritt auf spürbare Weise mit sich selbst in Kontakt. Ihre Arbeit ist bedeutsam und wichtig, doch ebenso wichtig ist, dass sie sich selbst dabei als Mensch, als Lebewesen wahrnimmt. Der Autor Eckhart Tolle (2005) schreibt: „Entdecke den inneren Raum, indem du Lücken im Strom des Denkens erzeugst. Ohne diese Unterbrechungen wiederholen sich die Gedanken ständig und sind ohne jede Inspiration und Kreativität, wie es bei den meisten Menschen auf dieser Erde der Fall ist. Du brauchst dir keine Gedanken um die Länge dieser Pausen zu machen. Ein paar Sekunden genügen. Allmählich werden sie von selber länger, ohne dass du dich anstrengen musst. Wichtiger als ihre Länge ist es, dass sie möglichst oft eintreten, so dass in deinen Alltagsaktivitäten und im Strom deiner Gedanken viel Zwischenraum entsteht."

Ein „Geschenkstein" stimuliert die Sinnsuche

Schenken macht so manchem mehr Freude als selbst beschenkt zu werden. Die Übung „Geschenkstein" inszeniert beides gleichzeitig. Es wird pro Teammitglied ein mittelgroßer Stein mit einer glatten Oberfläche benötigt.

Geschenkstein

Die Kolleginnen stehen im Raum verteilt. Alle Teilnehmerinnen verhalten sich bewusst ruhig. Jede hat ihren mit dem eigenen Namen beschrifteten Stein und einen Filzschreiber vor sich auf dem Boden liegen. Zunächst schließen alle die Augen und eine Erzieherin spricht zur leisen Instrumentalmusik: „Atme zunächst einige Male bewusst tief ein und aus. Und nun spüre nach – du hast neben deinem materiellen Reichtum auch einen ideellen, einen spirituellen Reichtum. Vielleicht bist du besonders rücksichtsvoll oder besonders mutig, vielleicht bist du besonders einfühlsam oder besonders humorvoll, vielleicht bist du aber auch besonders kreativ oder offen und, und, und. Spüre nach, was Du heute von deinem inneren Reichtum verschenken möchtest. Entscheide dich für eine Sache, die du im Moment besonders an dir selbst schätzt und die du heute an deine Kolleginnen verschenken möchtest. Wenn du dich entschieden hast, dann öffne deine Augen und nimm Stein und Stift zur Hand."

Bei einem leisen Gongschlag gehen jeweils zwei Kolleginnen aufeinander zu. Sie stehen sich gegenüber und eine Kollegin beginnt ihr Geschenk zu überreichen. Sie kann beispielsweise sagen: „Ich schenke dir meinen Mut." und schreibt dann Mut auf den Stein der Kollegin, die danach ihr Geschenk auf die gleiche Weise überreicht. Haben beide sich gegenseitig für ihr Geschenk bedankt, gehen alle beim nächsten Gong auf eine weitere Kollegin zu, der sie ihr Geschenk überreichen und von der sie selbst ein Geschenk empfangen. Hat jede Teilnehmerin ihr Geschenk an alle abgegeben, kann jeder für sich den Geschenkstein noch einmal bewusst betrachten.

Wie reich sich Erzieherinnen doch gegenseitig machen können. Vielleicht dient der Geschenkstein als Briefbeschwerer, vielleicht findet er aber auch einen besonderen Platz zu Hause.

Eine Anti-Stress-Meditation schenkt Entspannung

Um stressfreier durchs Leben zu gehen, kann auch eine Anti-Stress-Meditation helfen. Sie besteht aus zwei Phasen. Der „Innere Hausputz“ in der ersten Phase macht den Stress bewusst. In der zweiten regt der Stressgeplagte mit seiner „Vorstellungskraft“ die eigene Entspannung an.

Innerer Hausputz

Stellen Sie sich vor einen Spiegel und schauen Sie sich an. Nutzen Sie dafür eine Situation, in der Sie sich völlig gestresst fühlen. Schauen Sie in ihre Augen, betrachten Sie Ihren Gesichtsausdruck, Ihre gesamte Körperhaltung, spüren Sie, wie Sie sich dabei fühlen und lassen Sie auch einige Äußerungen zu. Sprechen Sie mit sich, benennen Sie den Stress, schimpfen Sie, wenn Sie möchten, auch laut. Gestatten Sie es sich, dabei vielleicht ausfallend zu werden; alles ist erlaubt. Schauen Sie sich an, wie Ihr Stress aussieht.

Spüren Sie, wie sich Stress anfühlt. Und nun machen Sie sich eine fetzige Musik an. Stellen Sie einen Abfalleimer in die Mitte und bewegen Sie sich um den Eimer, bleiben Sie stehen und streifen Sie den Stress von ihrem Körper. Lassen Sie ihre Hände von oben nach unten über ihren Körper gleiten und werfen Sie symbolisch den Ballast in den Müll. Während Sie sich den Stress abstreifen und ihn immer wieder in den Eimer werfen, rufen sie laut: „Weg mit dir, weg mit dir.“ Wenn Sie das Gefühl haben, dass sie ihren inneren Hausputz beendet haben, legen Sie sich auf eine Couch oder Matte. Schließen Sie Ihre Augen und atmen sie einige Male tief ein und aus.

Nach der ersten Übungsphase ist eine ca. dreiminütige Pause ratsam. Im Anschluss daran folgt die zweite Phase, in der die Vorstellungskraft zum Einsatz kommt.

Vorstellungskraft

Stellen Sie sich vor: Sie sind ganz entspannt und fühlen sich leicht wie eine Feder. Sie schauen sich selbst mit geschlossenen Augen an. Sehen Sie sich vor sich selbst stehend. Wie sehen Sie aus, wenn Sie ganz entspannt sind? Wie sieht ihr Gesicht aus, wie Ihre Augen, lächeln Sie vielleicht? Wie sind Sie im Zustand der Entspannung gekleidet? Tragen sie eng anliegende oder weite Kleidung? Welche Farben tragen Sie? Wie bewegen Sie sich? Stehen Sie, sitzen Sie oder tanzen Sie vielleicht? Wie klingt ihre Stimme? Ist sie laut, leise, flüsternd oder singen Sie vielleicht etwas für sich oder andere? Spüren Sie nach, wie es sich anfühlt, entspannt zu sein. Wo spüren Sie es am deutlichsten? Freuen sie sich darüber, entspannt zu sein.

Gehen Sie nun in Ihrer Vorstellung mit diesem entspannten Gefühl in die Kita. Bleiben Sie in diesem Gefühl, wenn Sie ihre Gruppe betreten. Schauen Sie sich um. Wie begegnen Sie den Kindern, den Eltern, den Kolleginnen? Wie reagieren die anderen auf Ihre Entspannung? Spüren Sie, wie es ist, mit anderen im Kontakt zu sein und dabei ganz entspannt zu sein. Atmen Sie und schauen Sie noch eine Weile auf das Treiben in ihrer Gruppe. Und nun verabschieden Sie sich von allen. Versprechen Sie, dass Sie morgen so wieder kommen wie Sie gerade gegangen sind. Atmen sie noch einmal in diesem Gefühl einige Male ein und aus und öffnen Sie dann die Augen.

6 Ausblick

Dieses Kapitel soll einen Ausblick geben, eine Vision, wohin sich der Arbeitsalltag einer Erzieherin entwickeln könnte. Und da sich äußere Veränderungen nur vollziehen, wenn auch eine Veränderung im Inneren stattfindet, sind die Ansatzpunkte dieser Vision das berufliche Selbstverständnis und die (Selbst)Akzeptanz, mit der Erzieherinnen sich selbst und anderen begegnen.

Die Traumerzieherin

Erzieherinnen sind während einer alljährlich stattfindenden Weiterbildung in einer Fachschule für Sozialpädagogik aufgefordert, sich mit dem Thema „Neueinstellung einer Erzieherin" auseinanderzusetzen. Ziel ist es, die bestmögliche Erzieherin mit Hilfe eines Bewerbungsverfahrens ausfindig zu machen.

Die Teilnehmerinnen sind mit der Frage konfrontiert: „Welche Eigenschaften hätte eine Traumerzieherin, wenn wir sie uns malen könnten?" An die Tafel wird ein großes Strichmännchen skizziert und die Teilnehmerinnen geben alle Verhaltensweisen, Charaktereigenschaften sowie menschliche und fachliche Qualitäten ihrer Traumerzieherin bekannt. Alle Aussagen werden nach und nach in das Strichmännchen geschrieben: authentisch, offen, aufmerksam, ehrlich, musikalisch, bewegungsfreudig, kommunikativ, fachlich kompetent, selbstbewusst, eine Persönlichkeit, spontan, flexibel, künstlerisch begabt, sensibel, einfühlsam, neugierig, teamfähig, kritikfähig, humorvoll, zielsicher, anregend, fantasievoll, kinderlieb, konsequent, fröhlich, freundlich, hilfsbereit, kooperativ, unterstützend, verständnisvoll, rücksichtsvoll, optimistisch, angstfrei, loyal, großzügig, herzlich, vertrauenswürdig, gelassen, geduldig, mutig, gesund, risikofreudig, klug, gewissenhaft, konzentriert, ausdauernd, pünktlich, fleißig, zuverlässig und kompromissbereit.

Mit der Frage konfrontiert, inwieweit all diese Fertigkeiten und Fähigkeiten, diese Eigenarten und Eigenschaften auf sie selbst zutreffen, wird den Teilnehmerinnen schnell bewusst, dass es eine solche Erzieherin auf dieser Welt nicht gibt. Denn all diese positiven Faktoren sind nicht nur auf die Person einer Erzieherin zugeschnitten, sie umreißen vielmehr das Bild eines perfekten Menschen. Doch Erzieherinnen sind nun einmal ganz normale Menschen mit einer menschlichen Grundausstattung an positiven und auch negativen Faktoren (→ Kap. 2). Eine Erzieherin, die von Natur aus eher fröhlich und humorvoll ist, kann in bestimmten Situationen auch unfreundlich und ernst sein, dies ist nur allzu menschlich. Deshalb gilt es, einen übermenschlichen Anspruch an die Person einer Erzieherin zu hinterfragen – auch den Anspruch, den sie selbst an sich hat.

Es geht um die Akzeptanz der Erzieherin für sich selbst und darum, dass sie keinem Idealbild hinterher jagen muss, das ihr vorschreibt, wie sie zu sein hat. Auch Erzieherinnen können und werden bei aller fachlichen Kompetenz nicht immer freundlich sein, sie werden nicht immer geduldig sein, sie werden nicht immer verständnisvoll oder rücksichtsvoll sein und sie werden nicht immer spontan oder fleißig sein.

Authentizität

Was kann eine Erzieherin tun, wenn sie auf der einen Seite Kinder erziehen und bilden soll und auf der anderen Seite Defizite an sich selbst ausfindig gemacht hat? Wie sieht es dann mit ihrer Vorbildfunktion aus, wenn sie ihre Defizite einfach akzeptiert? Wenn die Erzieherin sich selbst kennengelernt hat, dann kann sie neben ihrer positiv ausgerichteten Verhaltensweisen und Umgangsformen auch ihre Unzulänglichkeiten bewusst in die Beziehung zu den Kindern mit einfließen lassen. Sie kennen die Erzieherin sowieso schon so wie sie ist, schließlich erleben sie sie mit ihrer menschlichen Vielfalt jeden Tag. Damit ist nicht ein „Sich-Gehen-Lassen" gemeint und auch keine Gleichgültigkeit oder Oberflächlichkeit. Es geht vielmehr um eine natürliche Ehrlichkeit Kindern gegenüber, die wiederum viel stärker positiv zurückwirkt auf eine angestrebte Verhaltensänderung der Erzieherin, wie wenn sie sich nur darum bemüht, heute doch einmal geduldiger zu sein.

Eine warme und ehrliche Beziehung zwischen Erzieherin und Kind ist die Basis jeder Erziehung

Entschuldigungen sind für eine Erzieherin eine hervorragende Möglichkeit der Weiterbildung. Wenn sie sich beim Kind dafür entschuldigt, dass sie ungeduldig, unkonzentriert, ungerecht oder dergleichen war, weist sie nicht nur auf ihre menschlichen Unzulänglichkeiten hin. Zugleich hat sie diese im Blick, um sie behutsam zu reduzieren. Kinder, die mit einer solchen Erzieherin konfrontiert werden, die authentisch agiert und reagiert, lernen schon früh, was Menschsein und der Umgang miteinander bedeutet.

Großes Wissen und kluge Erziehungstricks helfen Kindern nicht in ihrer Persönlichkeitsentwicklung, eine innige Beziehung zum Erwachsenen dagegen sehr. Aus einer warmen, ehrlichen Beziehung kann Vertrauen wachsen und aus Vertrauen wiederum wächst Neugier, Interesse, Klugheit und Selbstvertrauen.

▶ **TIPP** Ehrlich gemeinte, sich selbst reflektierende Entschuldigungen und Klarstellungen unterstützen eine vertrauensvolle Beziehung zwischen Erzieherinnen und Kindern. Folgende Formulierungen können hilfreich sein:

- „Entschuldige, Katja, ich war gerade sehr ungeduldig mit dir, ich bemühe mich nun ganz feste, dir zuzuhören."
- „Es tut mir leid, Tom, aber ich bin im Moment so unkonzentriert, ich muss erst einmal eine Pause machen, dann komme ich gleich und helfe dir."
- „Ich merke gerade, dass ich sehr ungerecht zu dir war, das war nicht richtig von mir und ich möchte mich dafür bei dir entschuldigen und dich einmal in den Arm nehmen."
- „Ich habe dich gerade viel zu doll ausgeschimpft, ich war so richtig sauer und da kamen dann die lauten Worte aus meinem Mund; das tut mir leid und ich möchte jetzt wieder ganz ruhig mit dir reden."

Erzieherinnen, die mit Kindern in Offenheit und Ehrlichkeit leben, begegnen ihnen damit nicht nur in ihrer Rolle als Erzieherin, sondern stellen sich selbst als Mensch zur Verfügung, der sie einlädt, ihre eigenen Stärken und Schwächen in ihrem Spiegel zu entdecken. Sie erfahren, dass sich Menschen in bestimmten Situationen manchmal nicht so verhalten können, wie sie sich dies eigentlich vorgenommen haben. Und sie erfahren gleichzeitig, dass man dies aussprechen kann und damit nicht nur für sich selbst sorgt, sondern auch für sein Gegenüber.

Erzieherinnen müssen im pädagogischen Alltag manchmal so tun als ob: Sie spielen manchmal ihre Geduld, sie spielen manchmal ihr Verständnis und sie spielen manchmal ihre Freundlichkeit und für manche Situationen ist das auch angemessen. Doch wenn die So-Tun-als-ob-Anteile im Verhalten zu groß werden und das Gegenüber dies als Show empfindet, weil Gestik und Mimik die wahren Gefühle verraten, dann ist es Zeit für eine Reflexion. Ein solcher Missklang zwischen Fühlen und Handeln ist auch für die Erzieherin auf die Dauer sehr belastend.

Wer in steter Reflexion mit sich selbst ist, kann weitgehend authentisch handeln. Und authentisch zu sein, ist sehr entlastend; die Erzieherin gesteht sich damit ihre Natürlichkeit, ihre Echtheit und damit auch ihre Ehrlichkeit zu. Je mehr die Erzieherin in der Lage ist, ihre Professionalität im Menschsein zu sehen und das Zusammensein mit Kindern in den Mittelpunkt stellt, desto größer der Gewinn für alle, für die Erzieherin selbst und für die Kinder.

Es entlastet, wenn man nicht sein muss, was man nicht sein kann. Bei allen berechtigten Ansprüchen an den Beruf einer Erzieherin – Kinder brauchen vor allem die Erzieherin als Mensch. Die Akzeptanz für das Ich schließt die Bereitschaft zur persönlichen Weiterentwicklung mit ein.

Ehrlichkeit

Ehrlichkeit sich selbst gegenüber befreit. Wenn Erzieherinnen sich ihrer Grenzen bewusst werden und sie akzeptieren, dann kann sie diese Erkenntnis entlasten.

Zu den Standardäußerungen von Erzieherinnen gehört: „Wir holen die Kinder dort ab, wo sie stehen." Dieser Satz geht in fachlichen Gesprächen ganz selbstverständlich über zahlreiche Lippen. Doch dies ist nicht möglich, auch wenn die Erzieherinnen selbst sich dies noch so sehr wünschen und sich seit Jahren noch so sehr darum bemühen. 25 Kinder in der Gruppe zu betreuen und ihnen allen eine angemessene Erziehung und Bildung zukommen zu lassen, geht nicht. Der eine oder andere bleibt da auch einmal zurück oder kann auch öfter einmal nicht berücksichtigt werden. Ehrlichkeit bedeutet hier zuzugeben, dass

- Die Erzieherin niemals allen in der Weise gerecht werden kann, wie sie es eigentlich brauchen würden
- Erzieherinnen mit dem geringen Personal, das ihnen seit Jahren zur Verfügung steht und mit den wachsenden Ansprüchen, die neben der

eigentlichen Arbeit am Kind an sie gestellt werden, Kindern in vielen Situationen oftmals nicht in der Form begegnen, wie es pädagogisch angemessen wäre

- Die Erzieherin Kinder zurückweisen muss, weil sie gerade anderweitig beschäftigt ist, dass sie sich manchmal nicht die Zeit nehmen kann, um intensiv ein Spiel zu Ende zu führen, weil da schon wieder andere Kinder ihre Hilfe beanspruchen oder dass sie das unterforderte Kind nicht berücksichtigen kann, weil das andere eher Hilfestellung benötigt.

Erzieherinnen können noch so viel beobachten und dokumentieren, was zur Zeit ganz oben auf der Liste ihrer anfallenden Aufgaben steht und auf jeden Fall äußerst professionell ist, aber wie sollen sie gleichzeitig die 25 Kinder abholen und für 25 Kinder schriftliche Dokumentationen und Beobachtungen erstellen? Aus diesem Dilemma hilft, ehrlich sich selbst und anderen gegenüberzutreten. Ehrlichkeit entlastet, weil der Druck sich auflöst und verschwindet.

Es ist leichter, mit Ehrlichkeit zu leben: „Ich bin eine engagierte Erzieherin und werde all den Kindern, die mir anvertraut sind, die Erziehung, Betreuung und Bildung zukommen lassen, die ich mit meinen Möglichkeiten einrichten kann." Damit dreht die Erzieherin den diktierten Anspruch um: „Alle Kinder erhalten die bestmögliche Betreuung, Erziehung und Bildung." Und das ist wohl auch mit der Aussage „Wir holen die Kinder dort ab, wo sie stehen." gemeint.

Wenn Erzieherinnen sich auch hier ihrer Grenzen bewusst werden und sie akzeptieren, dann kann sie diese Erkenntnis entlasten. Genauso wie sie akzeptieren, dass es Eltern gibt, die ihren Kindern nicht das geben, was sie brauchen, so akzeptieren sie ihre eigenen Grenzen als Erzieherin. Allen Kindern gerecht werden zu wollen, macht Druck, weil dies gar nicht möglich ist. Alle Kinder so zu fördern, wie sie es bräuchten, macht Druck, weil auch dies nicht zu leisten ist.

▶ **TIPP** Affirmationen können die Erzieherin darin unterstützen, sich von einem allzu hohen Anspruch zu befreien:

- Ja, ich kann immer nur einigen Kindern im Laufe eines Tages gerecht werden.
- Ja, ich kann immer nur einigen Kindern die Betreuung, Erziehung und Bildung zukommen lassen, die eigentlich optimal wäre.

Es tut gut, mit dieser Ehrlichkeit zu leben und zu arbeiten. Dies schließt nicht aus, dass die Erzieherin eine hervorragende Leistung erbringt. Erzieherinnen geben das, was sie geben können. Wenn sie dies dann mit einer Ehrlichkeit sich selbst gegenüber tun, dann profitieren sie nicht nur selbst, weil sie entspannter arbeiten können, es profitieren auch die Kinder, die lernen, dass sie in vielen Alltagsituationen die Aufmerksamkeit, Präsenz und Wertschätzung bekommen, die ihnen zusteht. Sie lernen ebenso, dass es aber auch Tage gibt, an denen die Erzieherin sie auch einmal nicht so berücksichtigen kann, weil es da noch viele andere Kinder gibt, die auch die Erzieherin einmal ganz für sich haben wollen – eine gesunde und lebensnotwendige Erkenntnis.

Professionalität

Was macht nun eine professionelle Erzieherin aus? Sie ist mit einer fachlichen Kompetenz ausgestattet, die es ihr ermöglicht, Kindern in den verschiedensten Entwicklungsstadien in angemessener Form pädagogisch sinnvoll zu begegnen. Sie legt vor allem Wert auf eine ehrliche und offene Beziehung zu den Kindern und Eltern, die von gegenseitigem Respekt und gegenseitiger Wertschätzung geprägt ist. Bei aller fachlicher Überlegenheit bei Erziehung und Bildung, die sie sich in ihrer Ausbildung erworben hat, stellt sie diese Kindern und Eltern gegenüber möglichst nicht in den Vordergrund. Sie reflektiert und überprüft sich in ihrer Rolle als Erzieherin und findet eine Balance zwischen ihrem erzieherischen Auftrag und ihren menschlichen Qualitäten.

Die professionelle Erzieherin kennt sich selbst und setzt sich bewusst mit ihren Stärken und Schwächen auseinander. Sie besitzt eine Selbstakzeptanz und ein ausgeprägtes Selbstwertgefühl. Sie ist daran interessiert, ihre Wahrnehmung von sich selbst mit der Wahrnehmung anderer über sie in Beziehung zu setzen. Sie ist daran interessiert, ihre fachlichen und menschlichen Kompetenzen zu erweitern.

Unbeschwertheit

Professionalität ist idealerweise auch mit Unbeschwertheit gepaart, denn unbeschwert zu sein, macht frei. Der Schriftsteller George Bernard Shaw sagt dazu: „Wir brauchen ein paar verrückte Leute, seht an, wohin uns die normalen geführt haben."

Querdenker bewegen oft mehr als Mitläufer. Die Erzieherin kann sich trauen, ein wenig verrückt zu sein. Es geht darum, die eigene Sichtweise einmal zu verrücken und sich bewusst zu machen, ob sie das, was sie bisher lebt, auch so weiterleben möchte. Sie kann sich fragen, ob sie zu denjenigen gehört, die die Tage bis zum nächsten Urlaub oder bis zum Wochenende zählen oder gar insgeheim schon auf die Rente warten. Und sie kann beschließen, dass sie noch etwas mehr will, und zwar jetzt, an diesem Tag. Mit der Übung „Verrückter Alltag" kann sie sich die Erlaubnis dazu geben.

Verrückter Alltag

Denken Sie sich die Kinder weg – doch das darf sein – und fragen Sie sich: Was würde ich gerne an meinem Arbeitstag tun? Was würde mir besonders viel Freude bereiten? Was würde ich gerne ausprobieren? Erstellen Sie eine Liste der Dinge, die Ihnen einfallen. Anschließend kommt die Auswertung: Welche der Tätigkeiten kann ich in den Arbeitsalltag integrieren und wie kann ich sie gemeinsam mit den Kindern erleben? Experimentieren Sie ohne Hintergedanken an ein Bildungsergebnis für die Kinder, verlassen Sie den Anspruch an Projekte, an Zielformulierungen oder an vorbereitete und begründete Angebote.

Es gibt erstaunlich viele Dinge, womit eine Erzieherin nicht nur sich selbst, sondern gleichzeitig auch die Kinder begeistern kann. Aus einer solchen „Erlaubnis“, den Arbeitsalltag einmal völlig unbeschwert und „pädagogisch absichtslos“ zu erleben, können z. B. folgende Ideen entstehen. Ich:

- Teste meine Fitness, weil ich abends viel zu erschöpft dazu bin – die Kinder werden von meinem Training fasziniert sein, mitmachen und nachahmen
- Probiere aus, wie es ist, auf der Wiese zu liegen und die Wolken zu beobachten – die Kinder werden Hunde, Katzen, Pferde und Raubtiere entdecken
- Lasse mir einmal von den Kindern die Haare waschen – für mich selbst, aber auch für die Kinder ist dies ein Erlebnis
- Schreibe im Beisein der Kinder ein Gedicht – die Unterstützung der Kinder ist mir sicher
- Probiere aus, wie es ist, das Mittagessen einmal in aller Stille einzunehmen nur mit einer flüsternden Unterhaltung – eine Herausforderung für die Kinder.
- Mache mit den Kindern einen Spaziergang im Regen und beobachte, wie die Regentropfen mal zart rieselnd, mal in dicken Tropfen auf das Pflaster fallen
- Spiele Fangen und Verstecken mit den Kindern und spüre gemeinsam mit ihnen nach, wie es ist, aus der Puste zu kommen
- Wandere immer mal wieder in die nähere Umgebung und erkunde so mit den Kindern die Umwelt
- Schaue gemeinsam mit den Kindern Bilder aus meiner Kindheit an – für Kinder ist es spannend zu erfahren, wie ich aufgewachsen bin, was ich erlebt habe
- Erlaube es mir, einmal albern und unbedarft zu sein, zu kichern und dummes Zeug zu erzählen – ich werde mich selbst und die Kinder geradezu zum Lachen animieren
- Bin einmal unbeschwert wie ein Kind und fahre auf dem Roller hin und her
- Gehe mit den Kindern in den Wald, lausche den Stimmen der Vögel und dem Rauschen der Bäume, sammle die Schätze des Waldes und genieße mit den Kindern ein Waldpicknick

- Probiere mich im Gummitwist – die Kinder werden staunen
- Klettere auf die Rutsche und jauchze, wenn ich dort hinunterrutsche – die Kinder ahmen mich garantiert nach
- Lasse mich im Sandkasten von den Kindern einbuddeln; nur der Kopf bleibt frei – ein ungewöhnliches, unbekanntes Gefühl
- Gehe barfuß durch den Schnee und lasse die Kinder hinterherlaufen und die Kälte und das anschließende Wohlgefühl spüren
- Lade meinen Partner, meine Eltern oder meine Freundin in die Kindertageseinrichtung ein – Kinder lieben es, Besuch zu bekommen und wenn sie dann noch hören, wie man sich kennengelernt hat oder wie die Eltern selbst als Kind waren, dann ist eine interessante Morgenrunde gesichert
- Lese in der Gruppe die Tageszeitung – die Kinder werden neugierig und ich kann für Kinder spannende Dinge vorlesen
- Wasche mit einigen älteren Kindern mein Auto – für Kinder ist gerade das Polieren eine Herausforderung
- Besuche mit einigen Kindern ihre Großeltern im Altenheim oder zu Hause – Kinder werden auf diese Weise auch mit dem Leben älterer Menschen konfrontiert

Wie unkompliziert, wie einfach und dennoch wie pädagogisch wertvoll – die Erzieherin kann so die eigene Natürlichkeit, die eigene Unbekümmertheit, die eigene Unbefangenheit, die eigene Fröhlichkeit und die eigene Ehrlichkeit leben. Ihr inneres Kind kann lebendig werden und weckt die eigene Arbeitsfreude in diesem fantastischen Beruf. Der Beruf der Erzieherin hat viele Federn lassen müssen, doch nur die Erzieherin allein kann dem ein Ende setzen. Wenn sie das ach so schwere Bildungskostüm ablegt, mit dem sie sich verkleiden soll, dann kann sie den Mensch Erzieherin wieder lebendig werden lassen.

Kinder ahmen gerne ihre Erzieherin beim Rutschen nach

Literatur

Bergmann, B. (2007). Disziplin ohne Angst. Weinheim

Birkenbihl, V. (1998). Gesundheit für Körper, Geist und Seele. Landsberg am Lech

Byrne, R. (2007). Das Geheimnis. München

Enkelmann, N. (2000). Mit Freude leben. München

George, M. (2003). Die 7 Ahas erleuchteter Menschen. München

Greine, R. (2004). Persönlichkeitslernen. klein&groß, 12/2004, 36–38. München

Greine, R. (2006). Erfindergarten. Berlin, Düsseldorf, Mannheim

Greine, R. (2007). Kranke Kinder in der Kita. klein&groß, 9/2007, 40–43. München

Krenz, A. (2007). Psychologie für Erzieherinnen und Erzieher. Berlin, Düsseldorf, Mannheim

Kunz, T. (2007). Gesundheit in Kindertageseinrichtungen. www.kindergartenpädagogik.de

Pommerenke, U. (2007). Ich kann's – ich mach's. Berlin, Düsseldorf, Mannheim

Tepperwein, K. (2002). Der Weg zum Erfolg ist der Weg zu dir selbst. München

Tolle, E. (2005). Die neue Erde. München

Materialien

Die Materialien zum Selbstcoachingspiel KET sind über rita.greine@yahoo.de zu beziehen.

Mehrsprachig und multikulturell

Mit dem Kindergarten-Kalender lernen Kinder die Tage, Monate, Jahre und Jahreszeiten in drei verschiedenen Sprachen kennen. Außerdem erfahren Sie etwas über Länder wie Afghanistan, Angola, China, Indien, Italien, Polen oder die Türkei (z.B. über Lieder, Reime, Geschichten oder Rezepte).

Vorgestellt werden nationale und internationale Feiertage, und es gibt Anregungen, wie man darauf Bezug nehmen kann. Natürlich werden auch die Feieranlässe der Kinder und ihrer Familien berücksichtigt. Alle Monate haben ein Schwerpunktthema.

www.cornelsen.de/ fruehe-kindheit

Cornelsen SCRIPTOR